健康生活方式与健康传播

主　编　吕岫华　胡利明
副主编　魏　涛　李劲涛
编　者　（按姓氏笔画排序）
吕岫华（北京工业大学生命科学与生物工程学院）
李劲涛（北京工业大学生命科学与生物工程学院）
胡利明（北京工业大学生命科学与生物工程学院）
魏　涛（北京联合大学健康与环境学院）

科学出版社
北　京

内 容 简 介

在“不治已病、治未病”的思想指导下，本书旨在探讨健康生命文化、倡导健康生活方式，在了解健康、亚健康概念和内涵的基础上，重点介绍健康的生活方式，以及如何远离肿瘤等与生活方式相关的疾病知识，提高人们自我保健能力，减少疾病的发生和减轻疾病的危害，有效提高公众生活质量和健康水平。同时，本书作为大学通识教育课程的教材，在培养学生人文素养、完善学生人格教育与心理健康、提高学生全面综合素质方面有积极的推动作用。本书提倡文明、健康、科学的生活方式，有助于学生摒弃陋习、养成良好的生活习惯，形成知晓健康信息、认同健康信念、建立健康态度，最后实现采纳健康行为四个层次的健康新理念，实现人人都能自觉选择健康的生活方式，过高质量的幸福生活。

本书既可以作为大众养生保健的参考书，也可以作为大学通识教育课程及中学第二课堂的教材。

图书在版编目（CIP）数据

健康生活方式与健康传播 / 吕岫华，胡利明主编. —北京：科学出版社，2019.11

ISBN 978-7-03-059550-8

Ⅰ. ①健… Ⅱ. ①吕… ②胡… Ⅲ. ①生活方式–关系–健康–基本知识 Ⅳ. ①R163

中国版本图书馆CIP数据核字(2018)第269990号

责任编辑：李国红　王　超 / 责任校对：王晓茜

责任印制：李　彤 / 封面设计：陈　敬

科学出版社 出版

北京东黄城根北街16号

邮政编码：100717

http://www.sciencep.com

北京凌奇印刷有限责任公司 印刷

科学出版社发行　各地新华书店经销

*

2019年11月第　一　版　开本：787×1092　1/16

2022年11月第四次印刷　印张：8　1/2

字数：206 000

定价：59.80元

（如有印装质量问题，我社负责调换）

前　言

随着社会的不断发展，人们的生活水平日益提高。在温饱已不再是问题的时代，人们更加关注的是如何健康、如何延年益寿、如何少生病或不生病，即使生病，如何尽快康复或减少并发症及不出现后遗症等问题。

实事求是地讲，本人之前并没有关注过上述这些问题，但在 2000 年 1 月，由于打保龄球，意外导致本人颈部脊髓一过性损伤，出现严重的症状、体征，幸好诊断和治疗及时，很快康复。自此才开始特别关注自身的健康状况，也由此意识到健康对每一个个体的重要意义。在和上大学的女儿聊天中得知，女儿在学校经常旁听的课程之一，就是健康养生类课程，从中受到的启发，就是关注健康、关爱自己和家人。养生保健，不是中老年人的专利，在青年群体中也应备受重视。从医学专业毕业，在临床工作二十余年；同时，又从事医学基础的教学和科研工作多年，不禁萌生了开设“健康生活方式与健康传播”这门课程的想法，并且立即付诸行动。本课程通过申请、试讲、审批等程序，于 2001 年下学期，作为本科生的通识教育选修课，面向全校本科生正式开课。

由于第一次开课，不完全了解学生的想法和需求，将选课人数控制在 40 人；出乎意料，选课人员爆满，后来增加到 90 人，还是有很多同学选不上课程；学校教务处老师希望增加课堂听课人数，所以现在的课堂人数是 200 人。尽管仍然不能完全满足学生的选课需求，但由于人数太多，会影响教学效果，也只好对学生说声抱歉。

该课程的开设，得到学校教务处的大力支持，并获得本科生重点课程建设的资助，在此深表谢意！为了能使更多人享受高质量的生活，在科学出版社编辑的帮助下，《健康生活方式与健康传播》一书顺利出版，在此表示感谢。

希望通过学习和阅读本书，广大读者能够拥有更加健康的生活方式，可以达到延年益寿的目的，也衷心地祝愿我们中华民族大家庭的每个成员，人人都健康、平安、幸福如意！

吕岫华

2018 年 10 月于北京

目　录

第一章 绪　论

探讨健康生命文化，倡导健康生活方式。“关注健康，维护健康”已成为人类社会重要的主题之一，被称为“健康”世纪的当代，表明人们对健康的渴求，“追求健康、传播健康”已成为全人类共同努力的方向。

随着健康传播内容、形式、技术的更新，人们更加热爱生命、回归常识、储蓄健康。“不治已病、治未病”的思想，也已成为“人人健康”的指南。但是，在努力追求健康的过程中，最应关注、最经济、最有效、最直接、最简便易行的，就是如何改变不良的行为习惯，培养和建立健康的生活方式，减少罹患各种疾病的机会，达到人人都可以做到为国家健康工作50年的美好愿望。

第一节 生　命

生物的种类很多，包括动物（高级动物——人）、植物和微生物，但是任何生物都是有生命的，而且生命还是有限的。

一、生命的定义

恩格斯在总结19世纪自然科学成就的基础上，对生命的本质，做了精辟的论述。他指出，生命是蛋白体的存在方式，这种存在方式就在于这些蛋白体的化学组成部分的不断自我更新。恩格斯的这个概括，既揭示了生命的物质基础，也揭示了生命的本质特征。当代生物学的发展已证实了它的正确性。生物具有新陈代谢、遗传、变异、生长、发育和感应性等特征，但生命体最基本的特征就是能够进行自我更新和自我复制，能把生命的特征代代相传，使其将固有的特性稳定地遗传下去。

从现代科学研究的成果来看，生命的物质基础是蛋白质和核酸。核酸分子可以通过自我复制，把遗传信息一代一代传下去，又可以通过遗传信息去控制蛋白质的合成。在生物体内，蛋白质主要功能是负责代谢，核酸则主要负责遗传，而且核酸的遗传信息决定蛋白质的性质。蛋白质的催化作用又控制着核酸的代谢，两者相互配合、相互制约，共同完成各项生命活动。

从生物学上来说，对于人类，由于受精卵可以发育成人，受精卵便是一个生命个体的开端。然而从社会学上来说，很难认为一个受精卵是一个独立的有人权的个体。人的生命到底从何时开始，许多问题尚在争议与商榷之中。有人认为刚出生的婴儿才能算“人”，因为他开始有感觉。因此，人的生命和生物学的生命是有区别的。

人类有机体从最初的受精卵、胚胎、胎儿到出生后的婴儿，经历幼年、童年、少年、青年、中年、壮年、老年，最后死亡。在这个连续的动态过程中又可划分为许多阶段，每个阶段之间有一定质的区别。如果仅仅认为人的生命就是从受精卵形成开始，直到死亡的过程，那就意味着在这个连续过程中只有量变，没有质变了。人的生命应该比生物学的生命包括更多的内容。例如，一个去掉大脑皮质的男人，他可以继续产生精子，继续维持他的生物学生命，但是他在社会上作为人存在的实际基础已经失去了，即已经失去了人的生命的价值。Hartt 认为，人类生命包括“生物人”（human）和“意识人”（person）两个阶段。生物人属“生物学生命”阶段，意识人属“社会学生命”阶段。

关于人的生命的概念较一致的看法为，人的生命是处于一定社会环境关系中具有自我意识的生物实体。人生命的本质特征是具有自我意识。正是这种自我意识，把人与非人灵长类区别开，把人与受精卵、胚胎、胎儿及脑死亡者区别开来。正是这种自我意识使人体发展的全部连续过程发生质的变化：当人体发展到产生自我意识时，生物学生命发展为人的生命；当不可逆地丧失自我意识时，人的生命又回归为生物学生命。

二、生命的标准

生命伦理学（bioethics）于 20 世纪五六十年代起源于美国，最早是由威斯康星大学生物学家波特在他的著作《生命伦理学：通往未来的桥梁》中提出的。他的定义是用生命科学来改善生命的质量，是“争取生存的科学”。经过几十年的发展，生命伦理学逐渐发展成为一个全新的多学科（包括生物学、医学、哲学、伦理学、社会学、生态学、经济学、管理学、法学等）的学术领域。我国的生命伦理学在 20 世纪 70 年代末起步，经过 30 多年的发展，受到越来越多学者的关注和重视。

生命伦理学中的“生命”不仅指人类生命，还包括非人类生命（动物生命、植物生命），生命伦理学主要是运用伦理学方法来研究与生命有关的伦理学问题。1995 年《生命伦理学百科全书》中这样定义：“生命伦理学是运用包括道德意见、决定、行为、政策等各种伦理学的方法论，在跨学科的条件下，对生命科学和医疗的道德问题进行系统性研究。”简而言之，就是对认识生命、理解生命、实践生命、发展生命、改善生存环境、提升生命质量及生活质量等问题进行了伦理学方面的诸多研究。

1. 生命伦理学的生命标准对生命教育的重要启示 生命伦理学提出了生命的三重标准：生物标准，反映人的生物学存在，讨论生物学意义上人的生命从何时开始，到何时结束；社会标准，反映人的社会存在，主要讨论社会学意义上的人的生命从何时开始；复合标准，着重解决上述两者的割裂问题，反映人的存在的自然属性和社会属性，认为人的生命“以生物学生命为基础，以人格生命为标准”。生命伦理学提出的生命三重标准，对推进生命教育具有重要的启示：生命教育要关注生命的过程（从胎儿到脑死亡），要关注生命的完整（自然生命、社会生命、价值生命），更要关注生命的完全（人的生命、非人类形态的生命）。

2. 生命伦理学的生命属性对生命教育的重要启示 生命伦理学提出了生命属性标准，将人的自然属性和社会属性结合起来，试图在两者的统一中把握生命。生命伦理学认为：“人的生命是自觉和理性的存在，是生物属性和社会属性的结合体。”生命伦理学对生命的这一界定将人的生命与其他生命区别开来，突出了人的生命所特有的自觉意识和理性活动，同时又将人的生物学生命与人的人格生命相区别。人作为生物体，具有一系列的生物属性，但作为社会成员的人还具有社会属性，人的生物学生命发育到一定阶段产生自我意识就形成了人类的人格生命。相对于人的生物学生命而言，人格生命更能反映人生命的本质意义，是人最明显的本质特征。生命伦理学提出的生命属性标准对生命教育也有重要的启发：生命教育首先要关注自然生命的存在，这是社会生命存在的前提与条件；生命教育更要关注社会生命，将自然生命的直觉、感受、反射等特性引向自觉、理性、创新。

3. 生命伦理学为生命教育提供道德参考 从学科的特性上来看，伦理学是关于道德的科学，是一门研究社会道德现象的本质及其发展规律的科学。在此基础上，我们可以认为，生命伦理学就是一门研究生命道德的科学。生命伦理学中蕴含着丰富的道德理论与思想，如人道论、美德论、义务论、生命论、公益论等，这些道德理论为生命教育提供了最基本的理论支撑。更为重要的是，生命伦理学中关于生命的道德理论，为生命教育提供了更直接的理论支撑。这主要有两个方面：一是对生命主体性的提升，包括提高生命的质量、生命的创造力和生命的智慧；二是对生命发展的规约，包括尊重生命、珍爱生命、维护生命、体验生命。生命教育同样要把握这两大原则，也就是说生命教育不仅要提升生命的自由状态与生命的主体能力，更重要的是在生命的相互约束中体现生命的真正自由与和谐。

4. 生命伦理学为生命教育提供价值参考 价值本质问题在当前学术界争议很大，主要有需要满足论、效应论、意义论、功能论、人性论、发展论，但不管怎样，生命价值都是生命伦理学中一个非常重要的理论命题。生命伦理学中主要从三个方面论述生命价值。

（1）生命价值的内涵：包括内在价值与外在价值，内在价值指生命所具有的潜在创造能力或劳动能力；外在价值指把内在价值发挥出来，为社会创造物质财富和精神财富。生命价值是内在价值与外在价值的统一。

（2）生命价值的评价标准：判断生命价值大小主要有以下两个因素：生命本身的质量（体力与智力），决定生命的内在价值，是生命价值判断的前提与基础；某一个体生命对社会、对他人的贡献，决定其外在价值，是生命价值的目的和归宿。

（3）生命质量与生命价值的逻辑关系：生命伦理学中关于生命价值的理论对生命教育有重要启示：首先，生命教育要着眼于提高生命的质量，在相同的条件下，高质量的生命创造的价值就大。其次，生命教育要着力推进生命的创造力，在相同的条件下，生命的创造力越大，其创造出来的价值就越大。再次，生命教育要积极规约生命的需要、和谐生命的发展。个体生命的生长是在一定需要满足下的自我发展，个体需要的满足，就是生命自我价值的实现过程。在现代物质财富高度发展的社会，个体生命的需要如果超越了现实的可能，抑或以侵犯他人利益而获得自我价值的满足，抑或以侵犯集体利益而获得自我价值的满足，无论哪种情况，都会扭曲生命的价值，给生命的健康发展带来诸多负面影响，甚至会毁灭生命。最后，生命教育要把生命价值与生命质量统一起来。价值创造是以提升人的生命质量为目的，而不是以加大人的生活压力、降低生命质量为代价的。在现代社会紧张的节奏下，生命价值与生命质量在一定程度上被割裂了，生命质量并没有因为生命价值的提高而提高。生命教育就是要恢复生命质量与生命价值的和谐关系，回归生命的自由状态。

5. 生命伦理学为生命教育提供法律参考 伦理与法律总是相互辅助的，在某些领域伦理无法解决的问题，必须通过法律来解决。生命领域中的诸多问题单从伦理角度出发也无法有效解决。生命伦理学虽然不是专门研究生命法律的学科，但是它从伦理立场出发，为生命立法、执法提出了很多较为合理公正的建议。生命科学的迅猛发展，使生命领域的伦理问题日益增多，使生命伦理研究不得不借助法律知识加以推进。这一点恰恰表明了生命伦理中的法律精神。例如，关于安乐死的立法过程，就是在安乐死伦理研究推进基础上的立法过程，以及新近出现的基因编辑问题等。所以，生命教育要将与生命相关的法律问题作为重要的教育内容，以法律的精神来推进社会个体对他人生命、非人类形态生命的尊重、爱护，超越伦理道德，进入法律强制约束。

6. 生命伦理学的基本原则对推进生命教育的重要启示 生命伦理学的基本原则有“尊重”“不伤害”“公正”。这些基本原则不仅是生命教育的基本价值导向，也是推进生命教育深入的工具性手段。尊重原则体现在生命教育中，就是通过教育使受教育者认识到人与人之间，要彼此尊重生命的自主性，不妨碍他人的生命健康与生命权利；尊重他人的生命行为，保守他人的生命信息与隐私。不伤害原则，就是要通过教育使得受教育者减少对他人生命的物质伤害、精神伤害和经济伤害。公正原则，就是通过教育使受教育者，特别是国家政策的制定者、执行者能够认识到生命公平的重要性，并在实际行为中，真正做到不同个体生命的权利与义务平等、价值平等、发展机会均等。

当然，生命伦理学对生命教育的意义也是有限的，毕竟，生命伦理学只是生命教育的理论基础之一。在推进生命教育过程中，必须加强对生命伦理学的基本理论、基本原理、基本原则、基本概念与生命、生存、生活的契合研究，努力探索生命伦理学对生命教育、生存教育、生活教育的理论指导意义，深刻总结生命伦理学在生命教育中的表现形态与具体特征，从而推进生命教育理论的研究和发展。

第二节 健　　康

当被问及什么是健康时，好多人不假思索地脱口而出，“没病就是健康”，其实这样的回答，并不全面，也不客观。真正意义上的健康，应该是多元素综合体的良好状态。

一、概　　论

健康是人类生存发展的要素，它属于个人和社会。以往人们普遍认为“健康就是没有病的，有病就不是健康”。随着科学的发展和时代的变迁，现代健康观告诉我们，健康已不再仅仅是指四肢健全，无病或不虚弱，而是除身体本身健康外，还需要精神上有一个完好的状态。人的精神、心理状态和行为对自己和他人甚至对社会都有影响，更深层次的健康观还应包括人的心理、行为的正常和社会道德规范，以及环境因素的完美。可以说，健康的含义是多元的、相当广泛的。健康是人类永恒的主题。

（一）健康的定义

世界卫生组织（World Health Organization，WHO）关于健康的定义：“健康乃是一种在身体上、精神上的完好状态，以及良好的适应力，而不仅仅是没有疾病和衰弱的状态。”这就是人们所指的身心健康，也就是说，一个人在躯体健康、心理健康、社会适应良好和道德健康四方面都健全，才是完全健康的人（图 1-1）。

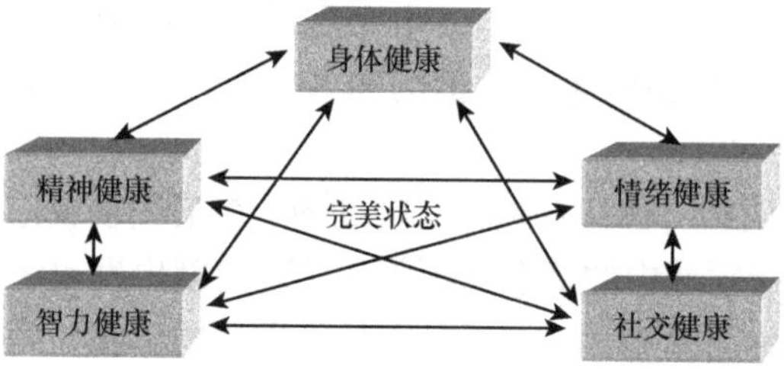

图 1-1　健康

躯体健康一般指人体生理的健康。心理健康一般有三个方面的标志：①具备健康心理的人，人格是完整的，自我感觉是良好的。情绪是稳定的，积极情绪多于消极情绪，有较好的自控能力，能保持心理上的平衡，有自尊、自爱、自信心及有自知之明。②一个人在自己所处的环境中，有充分的安全感，且能保持正常的人际关系，能受到别人的欢迎和信任。③健康的人对未来有明确的生活目标，能切合实际地、不断地进取，有理想和事业上的追求。社会适应良好指一个人的心理活动和行为，能适应当时复杂的环境变化，为他人所理解，为大家所接受。道德健康最主要的是不以损害他人利益来满足自己的需要，有辨别真伪、善恶、荣辱、美丑等是非观念，能按社会认为规范的准则约束、支配自己的行为，能为人的幸福做贡献。

（二）我国学者穆俊武提出的健康定义

我国学者穆俊武提出的健康定义："在时间、空间、身体、精神、行为方面都尽可能达到良好状态。"

时间概念：是指个人或社会发展的不同时期对健康不能用同一标准来衡量。不能把健康看作静止不变的东西，应理解为不断变化着的概念。新的健康概念强调时间的重要性，即健康概念的相对性。

空间概念：不同地区、不同国家的人，有着各不相同的健康概念和健康标准。这并不意味着没有一个可供人们遵循的健康概念，应根据地区、国家的不同，尽可能达到各自的良好状态。

人们对保健的需要在发达国家和不发达国家不同。作为健康教育者，应根据空间来制订保健行为。健康不是由主观或客观的东西来决定。有些结核病患者没有自觉症状，而胸部X线片发现有结核病变；一些精神病患者，本人没有意识到患病，但周围人觉得他有病；有许多就诊患者认为自己不健康，而多方面检查并未发现异常。对这些，目前还没有一个标准来区分。我们不妨从身体、精神、行为等角度，把主观表现、客观征象结合起来去探求健康概念。身体、精神概念较易理解。行为是一个人在社会生活中对赋予的责任和义务所采取的动态和动机。行为表现为社会性，每个人的行为必然受到他人的影响。

考虑健康时必须区分是群体的健康还是个人的健康。群体的健康是采用统计学上的平均值，即在一定范围内某一个时期的健康应为正常值，偏离了就不正常；但是，偏离了正常值对于个人来说就不一定不健康，作为个人，健康的标准是一个人特有的。个体健康是现实的，群体的健康是理想的。从国际社会的高度来认识，享受最高标准的健康被认为是一种基本人权；健康是社会发展的组成部分：人人都有保持健康的义务。

（三）健康的三个方面

"健康"涵盖了生理、心理与社会三个方面。生理意义的健康，指躯体与器官的健康，要求无病而且健壮；心理意义的健康，指精神与智力的正常；社会意义上的健康，指有良好的人际交往与社会适应能力。三方面均衡发展的人，才是一个健康的人。"健康"是一个动态的概念。"健康"与"疾病"处于同一轴线的两个不同的端点。在特定的条件下，健康与疾病共存。健康也有一般意义上的和最高意义上的区别。一个人的健康状态在其一生中也是处于变化中的。只有努力地追求，才能保持一种健康的状态。在患了疾病以后，又能尽快地控制，并向健康的一端发展。

疾病包括精神与生理两个方面，病因包括生物、物理、化学和社会文化等几个部分。不少疾病从生理意义上来看，是细菌、病毒引起的，但从社会文化上来看，贫困、营养不良、不良卫生习惯、不健康生活方式、过度劳累等是主要因素。

医学模式已由原来的单纯“生物医学模式”演变成为“生物-心理-社会医学模式”。这是一种崭新的观念，它拓宽了治疗与预防的领域，无论在内涵上，还是所涉及的策略上都发生了深刻的变化。

总之，健康是人类宝贵的社会财富，是人类生存发展的基本要素。健康水平反映生命运动水平，生命运动的协调、旺盛和长寿就表现为健康的良好状态。据 WHO 提供的资料表明，人们的寿命在延长，而全球死亡率降低到 15‰以下时，与生活方式有关的疾病就出现了。不良生活方式导致的疾病已成为影响世界人民健康的大敌。还强调，饮食和运动是促进人们健康的主要因素。“生活方式病”的发生与人类文明进步密切相关，故也称“文明病”，其中关键是社会因素，特别是不科学、不健康的生活方式和生态环境。这些因素主要包括不平衡的膳食、不懂营养卫生，酗酒，吸烟，好逸恶劳，缺乏运动等。

二、健康的标准

由于健康概念的综合性，以及健康又涉及不同的层次，所以健康的标准就有所不同，它虽包含多个方面，但主要是生理健康和心理健康。

1. 生理健康的标准 WHO 提出的健康十条标准如下：

（1）精力充沛，能从容不迫地应付日常生活和工作的压力而不感到过分紧张。

（2）处事乐观，态度积极，乐于承担责任，事无巨细、不挑剔。

（3）善于休息，睡眠良好。

（4）应变能力强，能适应环境的各种变化。

（5）能够抵抗一般性感冒和传染病。

（6）体重适当，身材均匀，站立时头、肩、臂位置协调。

（7）眼睛明亮，反应敏锐，眼睑不发炎。

（8）牙齿清洁，无空洞，无痛感；齿龈颜色正常，不出血。

（9）头发有光泽，无头屑。

（10）肌肉、皮肤富有弹性，走路轻松有力。

实际上，健康标准对不同年龄、不同性别的人有不同的要求。

2. 心理健康的标准 美国学者坎布斯（A.W.Combs）认为，一个心理健康、人格健全的人应具备 4 种特质。

（1）积极的自我观念：能悦纳自己、接受自己，也能为他人所悦纳，能体验到自己存在的价值，能面对和处理好日常生活中遇到的各种挑战。尽管有时也可能会觉得不顺心，也并非总为他人所喜爱，但是肯定的积极的自我观念总是占优势的。

（2）恰当地认同他人：能认可别人的存在和重要性，即能认同别人且不依赖或强求别人，能体验自己在许多方面和大家都是相同的、相通的，能和别人分享爱和恨、乐与忧及对未来美好的憧憬，并且不会因此而失去自我，仍保持着良好的自我独立性。

（3）面对和接受现实：能面对和接受现实，不论其是好是坏或对自己有利或不利，即使现实不符合自己的希望与信念，也能设身处地、实事求是地去面对和接受现实的考验。能够多方面寻求信息，善于倾听不同的意见，能正确把握事实的真相，相信自己的能力和实力，且随时接受挑战。

（4）主观经验丰富，可供利用：能对自己及周围的事物、人物和环境有较清楚的知觉，不会迷惑和彷徨，在自己的主观经验世界里，储存着各种可利用的信息、知识和技能，并能随时提取使用。善于发现和利用自己的长处和优点，同时也能借鉴和学习别人的长处、优点，以此来解决自身所遇到的问题，从而增进自己行为的有效性，并且不断丰富自己的经验、知识库。

国内的著名心理学家王登峰等根据各方面的研究结果，归纳总结，较为详细地提出了有关心理健康的几条指标：

（1）了解自我，悦纳自我：一个心理健康的人能体验到自己的存在价值，既能了解自己，又能接受自己，具有自知之明，即对自己的能力、性格、情绪和优缺点都能做到恰当、客观的评价，对自己不会提出苛刻的非分期望与要求，对自己的生活目标和理想也能定得切合实际，因而对自己总是满意的；同时，努力发展自身的潜能，即使对自己无法补救的缺陷，也能安然处之。一个心理不健康的人则缺乏自知之明，并且总是对自己不满意，由于所定的目标和理想不切实际，主观和客观的距离相差太远而总是自责、自怨、自卑，总是要求自己十全十美，而自己却又总是无法做到完美无缺，于是，就总是和自己过不去，结果是使自己的心理状态永远无法平衡，也无法摆脱自己感到将会面临的心理危机。

（2）接受他人，善与人处：心理健康的人乐于与人交往，不仅能接受自我，也能接受他人、悦纳他人，能认可别人存在的重要性和作用。能为他人所理解，为他人和集体所接受，能与他人相互沟通和交往，人际关系协调和谐，在生活的集体中能融为一体，乐群性强，既能在与挚友团聚之时共享欢乐，也能在独处沉思之时而无孤独之感。在与人相处时，积极的态度（如同情、友善、信任、尊敬等）总是多于消极的态度（如猜疑、嫉妒、畏惧、敌视等），因而在社会生活中具有较强的适应能力和较充足的安全感。一个心理不健康的人，总是自别于集体，与周围的环境和人们格格不入。

（3）热爱生活，乐于工作：心理健康的人珍惜和热爱生活，积极投身于生活，在生活中尽情享受人生的乐趣。他们在工作中尽可能地发挥自己的个性和聪明才智，并从工作的成果中获得满足和激励，把工作看作乐趣而不是负担。他能把工作中积累的各种有用的信息、知识和技能存储起来，便于随时提取使用，以解决可能遇到的新问题，能够克服各种困难，使自己的行为更有效率，工作更有成效。

（4）面对现实，接受现实，适应现实，改变现实：心理健康的人能够面对现实，接受现实，并能够主动地去适应现实，进一步地改变现实，而不是逃避现实，对周围事物和环境能做出客观的认识和评价，并能与现实环境保持良好的接触，既有高于现实的理想，又不会沉湎于不切实际的幻想与奢望，他对自己的能力有充分的信心，对生活、学习、工作中的各种困难和挑战都能妥善处理。心理不健康的人通常以幻想代替现实，不敢面对现实，没有足够的勇气去接受现实的挑战，总是抱怨自己生不逢时或责备社会环境对自己不公而怨天尤人，因而无法适应现实环境。

（5）能协调与控制情绪，心境良好：心理健康的人愉快、乐观、开朗、满意等积极情绪状态总是占据优势的，虽然也会有悲、忧、愁、怒等消极的情绪体验，但一般不会长久。他能适当地表达和控制自己的情绪，喜不狂，忧不绝，胜不骄，败不馁，谦虚不卑，自尊自重，在社会交往中既不妄自尊大也不畏缩恐惧，对于无法得到的东西不过于贪求，争取在社会规范允许范围内满足自己的各种要求，对于自己所得到的一切感到满意，心情总是开朗的、乐观的。

（6）人格和谐完整：心理健康的人，其人格结构包括气质、能力、性格和理想、信念、动机、兴趣、人生观等各方面能平衡发展，人格即人的整体的精神面貌能够完整、协调、和谐地表现出来。思考问题的方式是适中和合理的，待人接物能采取恰当灵活的态度，对外界刺激不会有偏颇的情绪和行为反应，能够与步调合拍，也能与集体融为一体。

（7）智力正常：是人正常生活的最基本的心理条件，是心理健康的主要标准，智力是人的观察力、记忆力、想象力、思考力和操作能力的综合。

（8）心理行为符合年龄特征：人的生命发展的不同年龄阶段，都有相对应的不同的心理行为表现，从而形成不同年龄阶段独特的心理行为模式。心理健康的人应具有与同年龄段大多数人相符合的心理行为特征；反之，一般都是心理不健康的表现。

以上列举了一些学者提出的心理健康的评判标准和尺度，一般说来，心理健康的人都能够善待自己，善待他人，适应环境，情绪正常，人格和谐。心理健康的人并非没有痛苦和烦恼，而是他们能适时地从痛苦和烦恼中解脱出来，积极地寻求改变不利现状的新途径。他们能够深切领悟人生冲突的严峻性和不可回避性，也能深刻体察人性的善恶。他们是那些能够自由、适度地表达、展现自己个性的人，并且能与环境和谐相处；他们善于不断地学习，利用各种资源，不断地充实自己。他们也会享受美好人生，同时也明白知足常乐的道理；他们不会去钻牛角尖，而是善于从不同的角度看待问题。

三、人体的第三状态

生活中常常遇到这样一些人，有时好端端的却感到疲乏无力、情绪不稳、食欲不振，甚至腰酸腿痛，可是多次去医院检查，医生总是以“没什么病”直言相告，现代医学揭开了这个谜，即“第三状态”。第三状态的命名，是人类对新的疾病谱和医学模式不断认识的结果，第三状态可能是各种疾病的潜伏期，也可能是导致人类各种疾病的最早原因，目前已引起医学界的高度重视。

传统医学将人体分为健康和疾病，通常将健康称为人体第一状态，疾病称为人体第二状态。但随着医学的进步和社会的发展，人们逐渐认识到人体在健康和疾病之间存在着第三状态，即亚健康。亚健康又称为次健康状态，第三状态，灰色状态，潜病状态，慢性疲劳综合征等。最早的“亚健康”是由苏联学者 Breckman 教授提出，在人体健康和病态之间存在一种第三态，或称诱发病状态。这时人体处于非病非健康，有可能趋向疾病的状态。

中国中医在对待疾病时，将疾与病分开对待，“疾”代表人有不适，但无明显症状或结果，“病”则代表人有明显症状或结果（即第二状态）。中医的“疾”在某种意义上相当于亚健康。

由于生活环境的改变、生活节奏的加快、生产方式的改变（由体力劳动大量转化为脑力劳动）及医学进步（种种疾病的有效诊断，预防和治疗），人体第三状态——亚健康，在近些年逐渐引起人们的重视。今天亚健康已成为严重影响人们生活质量的健康问题。

1. 亚健康的基本情况

（1）亚健康定义及主要表现：所谓亚健康状态，是指人的身心处于疾病与健康之间的一种健康低质状态（也有人称之为“第三状态”“中间状态”），是机体虽无明确的疾病，但在躯体上、心理上出现种种不适应的感觉和症状，从而呈现活力和外界适应力降低的一种生理状态。

亚健康主要表现为长期持续的疲劳、失眠、多梦、恋床、四肢无力，经常感冒，无名低热，精神不振、反应迟钝、白天困倦、烦躁焦虑、精神难以集中，感觉迟钝，记忆力减退，总是心惊肉跳、烦恼不安、情绪低落、腰酸腿疼、心律失常、性功能减退等。

（2）亚健康的分布：亚健康以沿海城市居民、城市人口中的知识分子、企业管理人员居多。年龄大多分布于20～45岁，以脑力劳动者为主。

（3）亚健康的转归：亚健康处于第一、第二状态之间，可通过治疗恢复到健康，即第一状态。亚健康若不处理或处理不当则容易诱发疾病，即第二状态。

2. 引起亚健康的原因

（1）心理因素起主导作用：随着现代化节奏的加快，社会竞争日趋激烈，人际关系复杂紧张，人们心理失衡；同时，中年人随着年龄的增长，其生理功能和心理活动及社会的适应能力逐渐降低，一些不良刺激（如事业上不顺心、下岗、离退休的失落感、人际关系不协调、对社会环境不适应等）都可诱发情绪或精神方面的各种障碍，使人体进入亚健康。

（2）生活因素：违反人体科学规律的不良生活方式和不合理的膳食结构也可导致亚健康；不良嗜好如吸烟、酗酒等，以及体力活动过少、长期加班加点、不遵循人体生物节奏等。

（3）环境污染：如大气污染、噪声、电磁辐射、过度使用手机等。除能引起特异性损害外，更多的是以非特异性损害为主，如引起机体免疫力低下，增加患病的机会。

（4）饮食习惯：膳食结构中主要是营养失衡。既有营养过剩又有营养不足。现代人由于生活条件的改善，高热量、低纤维、高脂肪的饮食摄入过多，加之体力劳动减少，摄入过多，消耗减少，肥胖渐成流行。由于膳食中，维生素和微量元素摄入不足，供需失衡，也影响人体健康，诱发亚健康。据上海市对本地居民营养调查显示：维生素A每人每天摄入量（573.4μg）只占应供给量标准的69.9%；维生素B_1每人每天摄入量（1.2mg）只占应供给量标准的88.6%；维生素B_2每人每天摄入量（1.0mg）只占应供给量标准的75.4%。

可见三种维生素均低于应供给量标准。维生素虽然不是构成人体的原料，却是人体许多辅酶的组成成分，在物质代谢中起着重要的调节作用，维生素供给不足，物质代谢就会发生障碍，健康状态就会受到影响，亚健康乃至疾病就会发生。

3. 预防和消除亚健康的对策 亚健康是一种比较新的医学概念，亚健康的提出对完善医学体系，更好地提高现代人的生活、生命质量，有效防治疾病具有十分重要的意义。

（1）积极开展对亚健康的研究工作

1）提高对亚健康的认识：宣传和普及亚健康知识，研究亚健康的主要临床表现，探究其引起的真正原因及多因素中各自的作用。

2）摸清亚健康的分布：国家及省级疾病预防控制中心应于适当的时间在全国多个大中城市展开“全国大中城市第三状态人群健康状态调查活动”，摸清城市中年人群中第一、二、三状态的基本构成情况，弄清中年人群主要存在的健康问题并相应地制订出对策。探索亚健康的诊断标准和诊断方法。

对于亚健康人，各种现代仪器检测或专科医师、专家诊断均“查无实据，没有器质性病变”。亚健康者享受不到生活的乐趣，生活质量和生命质量不高。亚健康人在身体上、心理上并没有疾病，主观上有许多不适的症状表现和心理体验。热断层扫描成像技术（thermal texture maps，TTM）可以获取机体细胞和组织的状态，描述机体细胞和组织的功能性变化，为诊断亚健康提供客观依据。

（2）针对性预防措施

1）调整生活节奏，做到劳逸结合：每天抽出一定时间到林中散步，树木多的地方负离子浓度较高，可以调节神经，促进胃肠消化功能，对心、脑、肺、心理等各方面起到良好的调节作用。工作中可适当地做保健操、活动筋骨；工作一段时间如感到疲劳，可以安排适当的体力劳动，从事健康的娱乐活动或旅游，积极的休息，对调整人体节奏、缓解疲劳可以起到良好的作用。

2）健康的心理素质、及时的心理调节：现代人生活压力大、期望值高、不顺心的事多、痛苦和烦恼总是难免的。调查显示心理健康是所有事业有成者的标志。生活中人们应有面对压力和困难的勇气，对失败不必太在意，既有追求的勇气，又有面对现状的心理准备，妥善处理各种不良心理刺激，保持良好的心理状态，应对复杂纷繁的局面。认识自己的生命周期，当出现心理问题时，及时找心理医生进行正规的心理治疗，增强心理调节能力和承受能力，恢复心理平衡和健康。

3）戒除不良嗜好：如戒烟、限酒等。

4）均衡饮食，保证营养科学合理：主要克服两种倾向，即食物营养和热量过剩，以及为了某种目的节食，以致食物中维生素、纤维素、微量元素不足。合理而全面的膳食是保证健康的重要条件，对于脂肪类食物不可多食，也不可不食。多食鱼肉、猪肝、韭菜、鳗鱼等食物补充维生素 A 的不足；通过食入海鱼、鸡肝补充维生素 D；摄入新鲜蔬菜、水果补充维生素 C；并通过调整主食，采取粗、细粮搭配或增加杂粮的措施补充维生素 B_1、维生素 B_2。从事高强度的体力活动后，可多食入西瓜、桃、李、杏、荔枝、哈密瓜、樱桃、草莓等水果。适量补充维生素 A、维生素 B_1、维生素 B_2、维生素 C：建议脑力劳动者每人每天摄入维生素 A、维生素 D、维生素 B_1、维生素 B_2 各一粒。为防止过量，每周服用 5 天，停药 2 天。

4. 亚健康的治疗 亚健康者经过适当的饮食调整、心理调适，大多可以恢复，对长期亚健康者可通过中西医结合给予治疗。如针对引起亚健康的原因，给予良好的引导，辅以适当的药物综合治疗。

长期以来有一种错误的认识，身体差了就需要“补”。对于亚健康群体而言，大多数不属于虚证。造成亚健康的原因中，营养过剩、代谢不正常、工作生活压力增大超过心理应激能力者为多数。因此对于亚健康者来说，重要的不是“补”，而是“调整”。调整状态、阴阳平衡和调整心身功能状态。对少数虚证亚健康者应在中医指导下辨证进补。

亚健康中医治疗，主要是从维护“三宝”的精、气、神出发，主要是利用补肾、填精、益气、养心的中药。中医针灸、推拿按摩对调整人体脏腑功能，通经活络很有作用，对于治疗和预防亚健康是一种不错的选择。

第三节 疾　病

对健康有了明确的认识，对疾病也就略知一二，但是，疾病又是极其复杂的动态变化过程，不同的年龄、不同的种族、不同的个体，即使是同一疾病，也具有很大的差异。

一、疾病的定义

疾病是机体在一定病因的损害性作用下，因自稳调节（homeostatic control）紊乱而发生的异常生命活动过程。在多数疾病中，机体对病因所引起的损害发生一系列抗损害反应，自稳调节的紊乱，损害和抗损害反应，表现为疾病过程中各种复杂的功能、代谢和形态结构的异常变化，而这些变化又可使机体各器官系统之间及机体与外界环境之间的协调关系发生障碍，从而引起各种症状、体征和行为异常，特别是对环境适应能力和劳动能力的减弱甚至丧失。上述概念概括了疾病如下的基本特征：

1. 疾病是有原因的 疾病的原因简称病因，它包括致病因子和条件。目前虽然有些疾病的原因还不清楚，但随着医学科学的发展，迟早会被阐明的。疾病的发生必须有一定的原因，但通常不单纯是致病因子直接作用的结果，与机体的反应特征和诱发疾病的条件也有密切关系。因此，研究疾病的发生，应从致病因子、条件、机体反应性三个方面来考虑。

2. 疾病是一个有规律的发展过程 在疾病发展的不同阶段，有不同的变化，这些变化之间通常有一定的因果联系。掌握了疾病发展变化的规律，不仅可以了解当时所发生的变化，而且可以预测它可能的发展和转归，及早采取有效的预防和治疗措施（图 1-2）。

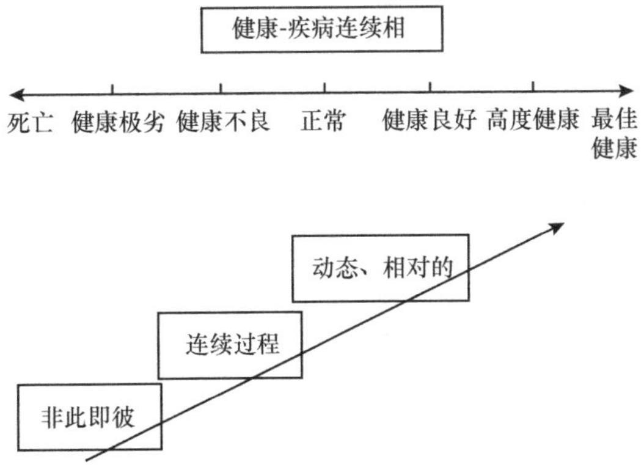

图 1-2 健康与疾病的动态规律

3. 发生疾病时，体内发生一系列的功能、代谢和形态结构的变化，并由此而产生各种症状和体征，这是认识疾病的基础。这些变化通常是相互联系和相互影响的，但就其性质来说，可以分为两类，一类变化是疾病过程中造成的损害性变化，另一种是机体对抗伤害而产生的防御代偿适应性变化。

4. 疾病是完整机体的反应，但不同的疾病又在一定部位（器官或系统）有它特殊的变化。局部的变化通常是受神经和体液因素调节影响的，同时又通过神经和体液因素而影响到全身，引起全身功能和代谢变化。所以认识疾病和治疗疾病，应从整体观念出发，辩证地处理好疾病过程中局部和全身的相互关系。

5. 发生疾病时，机体内各器官系统之间的平衡关系和机体与外界环境之间的平衡关系受到破坏，机体对外界环境适应能力降低，劳动力减弱或丧失，是疾病的又一个重要特征。治疗的着眼点应放在重新建立机体内外环境的平衡关系，恢复劳动力。

所谓病理过程（pathological process）是指存在于不同疾病中的共同的、整体的功能、代谢和形态结构的异常变化。例如，阑尾炎、肺炎及所有其他炎性疾病都有炎症这个病理过程，包括变质、渗出和增生等基本病理变化。病理过程可以局部变化为主，如血栓形成、栓塞、梗死、炎症等，也可以全身反应为主，如发热、休克等，一种疾病可以包含几种病理过程，如肺炎球菌性肺炎有炎症、发热、缺氧甚至休克等病理过程。

简单地说，疾病的症状是患者自己说出的痛苦感觉；体征是医生检查所得。一般而言的症状是广义症状，包含症状和体征两个方面。

症状：疾病过程中机体内的一系列功能、代谢和形态结构异常变化所引起的患者主观上的异常感觉称为症状（symptom）。也就是说，患者患病后自己感觉到的痛苦和不适，如疼痛、不适、畏寒、恶心等。

体征：异常变化引起的现象如能用体格检查的方法检出，就称为体征（sign）。也就是说，患者到医院后，医生给患者做各种体格检查后所得到的异常结果，如心脏杂音、肺部啰音、血压升高、神经反射异常及腹部压痛、反跳痛、肌紧张等。

有的疾病，特别是在某些疾病的早期，也可以不伴有症状和体征。据调查，成年人大多都有动脉粥样硬化，但其中只有少数人出现临床症状；许多早期癌症的患者也可以毫无主观症状和容易察见的体征。但如果对这些无症状患者进行相应的实验或特殊检查，通常能够发现异常变化。因此，对某些疾病如恶性肿瘤、动脉粥样硬化、血吸虫病等在一定范围内进行普查，以求早期诊断和早期治疗，是非常重要的。

二、疾病的分类和疾病谱的变化

健康是正常的生理状态，而疾病却是正常功能、结构、代谢发生量变和质变，也是生命活动的特征之一。疾病有成千上万种之多，为了更好地了解和认识疾病，同时也为了人们就医和诊疗的方便，便出现了疾病的分类和疾病谱的研究。

1. 疾病的分类 为应用疾病统计学的原理将疾病进行统一分类的一门学科。一般根据发病原因、病变性质和主要病变部位，把疾病分成若干类组并加以编列。疾病的分类和命名反映了当时医学科学水平。最早的疾病分类法是18世纪意大利病理学家莫尔迦尼按器官病理解剖定位原则划分的。19世纪中叶以后，由于细菌学的成就，疾病开始按病因学原则分类。WHO订有《国际疾病分类》，每10年修订一次。我国国家卫生健康委员会订有全国统一的《医院住院病人疾病分类》。

（1）根据我国《第二次国家卫生服务调查疾病分类---编码表》对疾病的分类，可将疾病分为：A传染病，B寄生虫病，C恶性肿瘤，D良性肿瘤，E内分泌疾病（营养和代谢疾病及免疫疾病），F血液和造血器官疾病，G精神病，H神经系病，I眼及附器疾病，J耳和乳突疾病，K循环系统疾病，L呼吸系统疾病，M消化系统疾病，N泌尿生殖系统疾病，O妊娠、分娩病及产褥期并发症，P皮肤和皮下组织疾病，Q肌肉、骨骼系统和结缔组织疾病，R先天异常，S起源于围产期的情况，T损伤和中毒，V其他。

（2）根据病原分类，疾病可分为传染病和非传染性疾病。

1）传染病：病原体包括病毒、立克次氏体、细菌、真菌、原虫、蠕虫、节肢动物等。由于病原体均具有繁殖能力，可以在人群中从一个宿主通过一定途径传播到另一个宿主，使之产生同样的疾病，故称可传染性疾病，简称传染病。此种疾病在人群中大量传播时则称为瘟疫。烈性传染病的瘟疫常可造成人员大批死亡。现在发达国家的死因分析中传染病仅占1%以下，中国约为5%。

2）非传染性疾病：随着传染病逐渐得到控制，非传染性疾病的危害相对增大，人们熟悉的肿瘤、冠心病、脑血管意外等都属于这一类。在中国大城市及发达国家中这些疾病在死因分析中都居于前三位。

（3）疾病可按成因分为以下几类：

1）遗传病：受精卵形成前或形成过程中遗传物质改变造成的疾病。

2）物理和化学损伤：化学损伤可以是急性的，如化学物质的中毒、烧伤等，其损害可以立即显示出来，病因十分清楚；也可以是慢性的，需经过多年，甚至下一代才能表现出来，这时病因需经调查研究才能揭示。人类的慢性中毒可出现于天然状态下，如饮用水中含氟量过高，可造成斑釉，甚至影响骨质生长，形成氟骨症。但更多的疾病为人工造成的，许多职业病和公害病，如硅沉着病、有机汞中毒引起的水俣病、镉中毒引起的疼痛等即是如此。许多药源性疾病也是一种化学损伤，如有些化学物品的损害表现在下一代身上，如“反应停”造成的“海豹畸形婴儿”（短肢畸形）。物理因素造成的冻伤、烧伤、电击伤、放射性损伤、高原病、潜水病及噪声对听觉、血压的不良影响等已为人们熟知。

3）免疫源性疾病：指免疫反应紊乱所致的疾病，又可分为两大类：对外部或环境中某种抗原物质反应过强；或免疫系统对自身的组织或细胞产生不应有的免疫反应，称为“自身免疫”。

4）异常的细胞生长：是造成死亡最多的病因之一。细胞的不正常生长称为增生。增生时细胞的形态并未改变，仍具有原来细胞的功能，如甲状腺细胞增生，引起甲状腺增大，分泌甲状腺激素过多，出现甲状腺功能亢进。一般增生都由激素或慢性刺激引起，人体内正常细胞的增殖有一定限度，到了这个限度就停止增殖。增殖的调节机制削弱，就出现细胞的增生，而这一调节机制完全丧失就导致肿瘤。

5）代谢性疾病和内分泌疾病：近年来患病率有逐渐增加趋势。

6）营养性疾病：包括营养不良、营养过剩以及营养失衡。

7）心因性疾病：亦即精神障碍。大多数人总会罹患某些心因性疾病，可分为器质性及非器质性两大类。器质性心因性疾病有明显的遗传倾向，特别是精神分裂症，常有家族史。还有一些遗传病表现为智力障碍，如先天愚型、亨廷顿舞蹈病、苯丙酮酸尿症。传染病，尤其是梅毒的晚期，可侵犯大脑，产生精神症状。药物和一些化学物质（如铅、类固醇激素），也常常引起精神症状。精神症状还可由营养因素产生，如叶酸和维生素 B_{12} 缺乏引起的恶性贫血常伴有精神症状。在饥饿中生长的儿童，智力发育一般也会受到影响。任何严重的疾病也都会构成心理压力，导致抑郁症状。非器质性心因性疾病是人面临生活中的压力而表现出来的精神症状，焦虑和抑郁是最普遍的症状。非器质性心因性疾病的症状实际上可包括全身每一个系统，并可以同任何器质性疾病混淆，构成心身疾病。

8）老年性疾病：在增长年龄的正常退化和老年性疾病引起的退化之间很难划出一条清楚的界限。老年性疾病最常发生心脏、血管和关节等方面问题。老年人的抵抗力减退，容易发生感染、创伤。

2. 疾病谱的变化 疾病谱是由固定的谱阶组成的疾病过程。人群疾病的谱阶为：①非患者，检查时只具遗传上固有的属性或差异；②非患者但对危险因子处于敏感状态的人，检查时有生物化学指标的改变；③发病前兆者（precursor），检查中可有物理和生化改变；④前期症状者（presymptomatic），或前临床病人（preclinical）；⑤临床患者，如得不到控制，可发展到下一个谱阶；⑥死亡。各谱阶间界限互相交错，并非截然分开。疾病一般由前阶向后阶发展，谱阶演替过程的速度与病种、环境等多种因素有关，特别在前期阶段，如采取某种防治措施或去除环境危险因素后则可抑制或逆转上述演化趋势和方向。

此外，疾病谱的另一含义是，某一地区危害人群健康的诸多疾病中，可按其危害程度的顺序排列成疾病谱带。如某地死亡率占第一位的疾病是癌症，第二位是心血管病，第三位是恶性传染病……不同的地区，疾病的谱带组合情况不尽相同。疾病的这种排列如同光谱谱带一样，能反映某地危害人群疾病的组合情况，可指导有关部门针对性地部署防治。

由于国家民族、社会制度、生活习惯、经济条件、战争动乱及个人行为差异和变动，疾病在不同时期不同人群中的发病率、死亡率是不同的，有时会发生很大的差异。这种变化就称为疾病谱的变化。我国人均期望寿命由中华人民共和国成立前的 35 岁，增长到了目前的 74.6 岁左右；婴儿死亡率由中华人民共和国成立前的 20‰降到了目前的 3‰左右。我国几项主要健康指标已达到或接近世界先进水平。

（1）疾病谱发生了根本变化：随着社会的发展，生活条件的改善及医疗卫生事业的发展，今天，人们所患疾病的种类正在发生变化。通常，人们把疾病分为传染病和非传染性疾病两大类。传染病，有肝炎、痢疾等。非传染性疾病，有高血压、脑血管意外、冠心病、癌症等。传染病大多是细菌、病毒、寄生虫等生物因素引起的。而导致人们患非传染性疾病的原因有社会因素、心理因素、环境因素，而最重要的是人们自己的生活方式。据社会医学专家分析，在导致人们患癌症、冠心病等非传染性疾病的诸因素中，吸烟、膳食不平衡、缺乏体育锻炼等不健康的生活方式因素约占 60%。所以，人们常把癌症、冠心病等非传染性疾病称为生活方式病。我们采用对传染病行之有效的疫苗、抗生素、消杀灭（消毒、杀虫、灭鼠）等手段使传染病总的发病趋势下降。然而在传染病逐渐减少的同时，非传染性疾病却在逐渐增多并形成巨大威胁，据有关统计资料表明，慢性非传染性疾病所引起的死亡已占我国人口死亡数的 2/3。

（2）新的医学模式：过去传染病是人类健康的主要威胁，而传染病又主要是由细菌、病毒等生物因素引起的，所以，人们称之为“生物医学模式”。现在对人类健康的主要威胁已逐渐由传染病转移到非传染性疾病上，非传染性疾病的致病因素主要是心理因素、社会因素，所以，人们把现在的医学模式称为“生物-心理-社会医学模式”。这种转变是不以人们的主观意志为转移的客观规律。医学模式转变了，健康危险因素改变了，这就要求人们相应地转变自己的卫生观、健康观。

对个人而言，那些能引起传染病的不良习惯，如生吃未洗净的瓜果、随地吐痰等，已经得到了人们的重视。但对于那些能导致人们患冠心病、脑血管意外、癌症的吸烟行为和生活方式，还缺乏足够的认识；对医生而言，在慢性病成为对人们健康的主要威胁的情况下，也需要转变观念，应该转变“重治轻防”的观点为重在传授防病知识，让人们防患于未然。

第四节　衰老与死亡

新生命的诞生，经过生长发育、成熟衰老及死亡，正常情况下，都是一个漫长的渐进过程，也是无法改变的客观现实。任何生命体的寿命都是有限的，而衰老也是必经之路。

一、衰老的定义

从生物学上讲，衰老是生物随着时间的推移，自发的必然过程，它是复杂的自然现象，表现为结构的退行性变和功能的衰退，适应性和抵抗力下降。在生理学上，把衰老看作从受精卵开始一直进行到老年的个体发育史。从病理学上，衰老是应激和劳损、损伤和感染、免疫反应衰退、营养失调、代谢障碍及疏忽和滥用药物积累的结果。另外，从社会学上看，衰老是个人对新鲜事物失去兴趣，超脱现实，喜欢怀旧。

衰老（senility）是一种自然规律，因此，我们不可能违背这个规律。但是当人们采用良好的生活习惯和保健措施并适当地运动，就可以有效地延缓衰老，降低衰老相关疾病的发病率，提高生活质量。就衰老理论和延缓衰老而言，中医药学具有深刻阐述和丰富实践。《素问·上古天真论》就详细论述了女子以七、男子以八为基数递进的生长、发育、衰老的肾气盛衰曲线，明确指出机体的生、长、壮、老、已，受肾中精气的调节，总结衰老的内因是“肾”起主导作用。老年期也会出现肾气衰退的表现，如发齿脱落、耳鸣耳聋、腰酸腿软、夜尿频多等。

因此，衰老的实质是身体各部分器官系统的功能逐渐衰退的过程。其最终结果是死亡。它是生命的终止，主要特征是心脏、肺、大脑停止活动，衰老受多种因素影响，如生活环境、生活方式、精神状态、遗传因素等。科学合理地生活、轻松愉快的心情、适当地进行文娱和体育活动等可以有效地延缓衰老。

二、衰老的机制

每一物种的衰老过程，从生到死，均经历显著的变化。对于人们为什么会衰老，尽管还没有一个公认的学说，但科学家们已提出一些理论。每一种理论的某些部分都可以解释为什么人们会逐渐衰老和死亡。

程序性衰老理论认为，一个物种衰老的概率，可以通过它的基因预测。基因决定了细胞能活多久。当细胞死亡，器官功能开始失常，最终将不能维持生命所必需的生物学功能。程序性衰老有助于保存物种；衰老成员按一定比率死亡，这就留下一定空间给年轻的成员。

自由基理论认为，细胞的衰老是细胞内发生化学反应过程中有害物质堆积的结果。在这些化学反应中，产生了被称为自由基的毒素。自由基最终损伤细胞，引起个体衰老。伴随着衰老，损伤越来越多，许多细胞不能正常行使功能或者死亡。当这些现象发生时，可能引起机体死亡。不同的物种以不同的概率衰老，主要取决于细胞如何产生自由基及对自由基如何产生反应。

衰老意味着随着年龄增加，机体逐渐出现的退行性变化。衰老的普遍性、内因性、进行性及有害性作为衰老的标准被普遍接受。自 19 世纪末应用实验方法研究衰老以来，先后提出的学说不下 20 余种，很多学说并没有得到实验研究的支持。目前的研究认为衰老是干细胞衰退、DNA 突变、饮食精神因素、衰老基因活跃等综合因素影响的结果。

（一）体细胞突变学说

该学说认为在生物体的一生中诱发（物理因素如电离辐射、X 射线，化学因素及生物学因素等）和自发的突变破坏了细胞的基因和染色体，这种突变积累到一定程度导致细胞功能下降，达到临界值后，细胞即发生死亡。支持该学说的证据：X 射线照射能够加速小鼠的老化，短命小鼠的染色体畸变率较长命小鼠为高，老年人染色体畸变率较高；有人研究了转基因动物在衰老过程中出现的自发突变的频率和类型，也为该学说提供了一定的依据。

（二）自由基学说

衰老的自由基学说是 Denham Harman 在 1956 年提出的，认为衰老过程中的退行性变化是细胞正常代谢过程中产生的自由基的有害作用造成的。生物体的衰老过程是机体的组织细胞不断产生的自由基积累的结果，自由基可以引起 DNA 损伤从而导致突变，诱发肿瘤形成。自由基是正常代谢的中间产物，其反应能力很强，可使细胞中的多种物质发生氧化，损害生物膜。还能够使蛋白质、核酸等大分子交联，影响其正常功能。

支持该学说的证据主要来自一些体内和体外实验，体内实验包括种间比较、饮食限制、与年龄相关的氧化压力现象测定、给予动物抗氧化饮食和药物处理；体外实验主要包括对体外二倍体成纤维细胞氧压力与代谢作用的观察、氧压力与倍增能力及抗氧化剂对细胞寿命的影响等。该学说的观点可以对一些实验现象加以解释，如自由基抑制剂及抗氧化剂可以延长细胞和动物的寿命。体内自由基防御能力随年龄的增长而减弱。脊椎动物寿命长的，体内的氧自由基产率低。但是自由基学说尚未提出自由基氧化反应及其产物是引发衰老直接原因的实验依据，也没有说明什么因子导致老年人自由基清除能力下降，为什么转化细胞可以不衰老，生殖细胞何以能世代相传维持种系存在这些问题。而且，自由基是新陈代谢的次级产物，不大可能是衰老的原发性原因。

（三）生物分子自然交联学说

主要论点：机体中蛋白质、核酸等大分子可以通过共价交叉结合，形成巨大分子。这些巨大分子难以酶解，堆积在细胞内，干扰细胞的正常功能。这种交联反应可发生于细胞核 DNA 上，也可以发生在细胞外的蛋白胶原纤维中。目前有一些证据支持交联学说。皮肤胶原的可提取性及胶原酶对其消化作用随增龄降低，而其热稳定性和抗张强度则随年龄的增高而增强了；大鼠尾腱上的条纹数目及所具备的热收缩力随年龄的增高而增加，溶解度却随年龄增高而降低。这些结果表明，在年老时胶原的多肽链发生了交联，并日益增多。该学说与自由基学说有类似之处，亦不能说明衰老发生的根本机制。

该学说在论证生物体衰老的分子机制时指出：生物体是一个不稳定的化学体系，属于耗散结构。体系中各种生物分子具有大量的活泼基团，它们必然相互作用发生化学反应使生物分子缓慢交联以趋向化学活性的稳定。随着时间的推移，交联程度不断增加，生物分子的活泼基团不断消耗减少，原有的分子结构逐渐改变，这些变化的积累会使生物组织逐渐出现衰老现象。生物分子或基因的这些变化一方面会表现出不同活性甚至作用彻底改变的基因产物，另一方面还会干扰 RNA 聚合酶的识别结合，从而影响转录活性，表现出基因的转录活性有次序地逐渐丧失，促使细胞、组织发生进行性和规律性的表型变化乃至衰老死亡。

生物分子自然交联学说论证生物衰老的分子机制的基本论点可归纳如下：

1. 各种生物分子不是一成不变，而是随着时间推移按一定自然模式发生进行性自然交联。

2. 进行性自然交联使生物分子缓慢联结，分子间键能不断增加，逐渐高分子化，溶解度和膨润能力逐渐降低和丧失，其表型特征是细胞和组织出现老态。

3. 进行性自然交联导致基因的有序失活，使细胞按特定模式生长分化，使生物体表现出程序化和模式化生长、发育、衰老以至死亡的动态变化历程。

随年龄增长，对生命重要的大分子有交联增多倾向，或在同种分子间或在不同分子间都可能产生交联键，从而改变了分子理化特性，使之不能正常发挥功能。细胞外的胶原蛋白进行交联已如前述，此说则设想胞内大分子如核酸、蛋白质也会进行交联，但迄今在体内还未见证实。把交联视为衰老的原发性因素也只是一种推测，然而这毕竟是研究衰老中值得探索的一个途径。

（四）衰老的免疫学说

衰老的免疫学说可以分为两种观点：第一，免疫功能的衰老是造成机体衰老的原因；第二，自身免疫学说，认为与自身抗体有关的自身免疫在导致衰老的过程中起着决定性的作用。衰老并非是细胞死亡和脱落的被动过程，而是最为积极的自身破坏过程。

从衰老的免疫学说可以看出免疫功能的强弱似乎与个体的寿命息息相关，迄今的研究表明机体在衰老的过程中确实伴有免疫功能的重要改变：

1. 个体水平 伴随衰老免疫功能改变的特点，是对外源性抗原的免疫应答降低，而对自身抗原免疫应答增强。据 Whittingham 报道，用抗原免疫后，老年人相比年轻人抗体效价降低。此外，随衰老自身抗体的检出率升高。细胞免疫也随增龄而降低。

2. 器官、组织水平 人类的胸腺在出生后随着年龄的增长逐渐变大，13～14 岁时达到顶峰，之后开始萎缩，功能退化，25 岁以后明显缩小。新生动物切除胸腺后即丧失免疫功能，年轻动物切除胸腺后，免疫功能逐渐衰退，抗体形成及移植物抗宿主反应下降。

3. 细胞、分子水平 老年动物和人的 T 细胞功能下降，数量也减少。随年龄的增长，机体对有丝分裂原刀豆蛋白 A（con A）、植物血凝素（PHA）及抗 CD3 抗体的增殖反应能力下降。这是衰老的免疫学特征之一。伴随老化，细胞因子的分泌有明显的改变。在 T 细胞的增殖中 IL-2 的产生和 IL-2 受体的出现是很重要的，老年人 IL-2 产生减少，IL-2 受体，特别是高亲和性受体的出现亦减少。

自身免疫观点认为免疫系统任何水平上的失控都可以导致自身免疫反应的过高表达，从而也表现出许多衰老加速的证据。

免疫系统控制衰老也有许多相反的证据。小鼠中有一种长命的近交品系 C57BL/6，它的抗核抗体的比例及胸腺细胞毒抗体的含量相对较高，但未显示较高程度的免疫病理损伤。裸鼠是一种先天性无胸腺无毛综合征的小鼠，其 T 细胞免疫功能极度缺乏，以至于可以接受同种异体甚至异种移植物，这种小鼠如果饲养在普通条件下可致早期死亡，但是在无菌条件下饲养，其寿命不低于正常鼠。如果在通常的饲养条件下切除新生小鼠的胸腺，其死于 3 月龄左右；若将其置于无菌的环境中，大多数可以活得更长久。可见免疫系统虽然对生存期可以产生影响，但并非决定因素。免疫学说将免疫系统说成是衰老的领步者及根本原因所在，然而至今尚无明显的理由说明免疫系统随年龄退化的原因，免疫系统的增龄改变也均是衰老导致的多种效应的表现，应该视为整体衰老的一部分，而不是衰老的始动原因。

（五）端粒学说

端粒学说由 Olovnikov 提出，认为细胞在每次分裂过程中都会由于 DNA 聚合酶功能障碍而不能完全复制它们的染色体，因此最后复制 DNA 序列可能会丢失，最终造成细胞衰老死亡。

端粒是真核生物染色体末端由许多简单重复序列和相关蛋白组成的复合结构，具有维持染色体结构完整性和解决其末端复制难题的作用。端粒酶是一种反转录酶，由 RNA 和蛋白质组成，是以自身 RNA 为模板，合成端粒重复序列，加到新合成 DNA 链末端。在人体内端粒酶出现在大多数的胚胎组织、生殖细胞、炎性细胞、更新组织的增生细胞及肿瘤细胞中。

大量实验说明端粒、端粒酶活性与细胞衰老及永生有着一定的联系。第一个提供衰老细胞中端粒缩短的直接证据是来自对体外培养成纤维细胞的观察，通过对不同年龄供体成纤维细胞端粒长度与年龄及有丝分裂能力关系的观察，得知随着增龄，端粒的长度逐渐变短，有丝分裂的能力明显渐渐变弱；Hastie 发现结肠端粒限制性片段的长度随供体年龄增加逐渐缩短，平均每年丢失 33bp 的重复序列；植物中不完整的染色体在受精作用中得以修复，而不能在已经分化的组织中修复，这在较为高等的真核生物中也证实了体细胞中端粒酶的活性受抑制；精子的端粒要比体细胞长，体细胞缺失端粒酶活性就会逐渐衰老，而生殖细胞系的端粒却可以维持其长度；转化细胞能够通过端粒酶的活性完全复制端粒得以永生。但是许多问题用端粒学说还不能解释。

体细胞端粒长度与有丝分裂能力成正比，这一点已经被实验证实了，而不同的体细胞其有丝分裂能力是不尽相同的，胃肠黏膜细胞的分裂增殖速度就比较快，神经细胞分裂的速度就比较慢。曾有人就不同年龄供体角膜内皮细胞的端粒长度进行研究发现，角膜内皮细胞内端粒长度长期维持在一个较高的水平，而端粒酶却不表达。

另外，Kippling 发现，鼠的端粒比人类长 5～10 倍，寿命却比人类短得多。这些都提示体细胞端粒长度与个体的寿命及不同组织器官的预期寿命并非一致。生殖细胞的端粒酶活性长期维持较高的水平却不会像肿瘤那样无限制分裂繁殖；端粒长度由端粒酶控制，那么何种因素控制端粒酶呢？生殖细胞内端粒酶活性较高，为什么体细胞中没有较高的端粒酶活性？看来，端粒的长度缩短是衰老的原因还是结果尚需进一步研究。

三、人口老龄化与老年病

随着社会的发展，人们生活水平的提高，我国人口的平均寿命也在不断地增长，但是伴随而来的就是人口老龄化和老年病的问题，这不仅仅是医学的问题，从宏观角度看，还是一种社会问题。

1. 人口老龄化 是指总人口中因年轻人口数量减少、年长人口数量增加而导致的老年人口比例相应增长的动态。老龄化包括两个含义：一是指老年人口相对增多，在总人口中所占比例不断上升的过程；二是指社会人口结构呈现老年状态，进入老龄化社会。国际上的通常看法是，当一个国家或地区 60 岁以上老年人口占人口总数的 10%，或 65 岁以上老年人口占人口总数的 7%，即意味着这个国家或地区的人口处于老龄化。

老龄问题包括老年人问题与老龄化问题，而老年人问题与老龄化问题相联系，但又不完全相同，一般把有关老年人的社会保障和权益保护看作“老年人问题”，把有关老年人增加对社会经济发展的影响称为“老龄化问题”，这是从人类社会经济发展的范畴来认识老龄问题。目前，全世界 60 岁以上老年人口总数已达 6 亿，有 60 多个国家的老年人口达到或超过人口总数的 10%，进入了人口老龄化社会行列。人口老龄化的迅速发展，引起了联合国及世界各国政府的重视和关注。20 世纪 80 年代以来，联合国曾两次召开老龄化问题世界大会，并将老龄化问题列入历届联合国大会的重要议题，先后通过了《老龄问题国际行动计划》《十一国际老年人节》《联合国老年人原则》《1992 至 2001 年解决人口老龄化问题全球目标》《世界老龄问题宣言》《1999 国际老年人年》等一系列重要决议和文件。提醒各会员国铭记“21 世纪的社会老龄化是人类历史上前所未有的，对任何社会都是一项重大的挑战”，吁请各会员国“加强或设立老龄化问题国家级协调机构”“在国家、区域和地方各级制定综合战略，把老龄化问题纳入国家的发展计划中”“为老龄化社会的来临做好各项准备工作”，提出了“建立不分年龄 人人共享的社会”的口号，以期增强人们对人口老龄化问题和老年人问题的重视。

中国人口老龄化的主要特点：

（1）人口老龄化提前达到高峰。20 世纪后期，为控制人口的急剧增长，国家推行计划生育政策，使得人口出生率迅速下降，加快了中国人口老龄化的进程。

（2）在社会经济不太发达状态下进入人口老龄化。先期进入老龄化社会的一些发达国家，呈现出“先富后老”，这为解决人口老龄化带来的问题奠定了经济基础。而中国进入老龄化社会时，呈现出“未富先老”，由于经济实力还不强，无疑增加了解决老龄化问题的难度。

（3）在多重压力下度过人口老龄化阶段。中国在建立和完善社会主义市场经济体制过程中，改革和发展的任务繁重，经济和社会要可持续发展，社会要保持稳定，各种矛盾错综复杂，使得解决人口老龄化问题相对发达国家和人口少的国家更为艰巨。

2. 老年病 是指人在老年期所患的与衰老有关的，并且有自身特点的疾病。它所包含的疾病范围相当广泛，大体上可分为三类。

（1）老年病仅发生在老年期：由于机体老化而导致的疾病，如脂溢性角化病、老年性白内障、绝经后阴道出血症、前列腺增生症、阿尔茨海默病等。多发生于老年期，发生与机体老化后抗病能力下降有关的疾病，如冠心病、慢性支气管炎、高脂血症、恶性肿瘤、脑卒中、脑萎缩症等。

（2）老年与青中年期同样容易发生的疾病：但具有不同于青、中年期发病特点的疾病（其中不少为青、中年时期疾病的延续），如老年性肺炎、消化性溃疡、慢性胃炎、慢性肾炎、糖尿病、类风湿关节炎、肺气肿、颈椎病等。

（3）老年病有其发病的基本特点：中医学认为老年病的发生，多以身体虚衰，抗病能力弱为诱因。“虚”对老年人来讲，表现尤为突出，故老年病的特点之一是“正虚”。由于老年人抗病能力弱，正气不足，所以病久而缠绵不愈者多，患慢性疾病者多，故老年病的另一特征是病程长。又因为体虚而病，病后正气愈虚，则一处有病而处处皆病，周身脏腑气血阴阳失调，虚实夹杂，寒热交错，甚至出现几个脏腑的病变，形成错综复杂的又一老年病特点。

显然，老年时期和人的衰老使人易患老年病，而老年病又是使人减寿、导致死亡的直接原因。因此，加强老年病的防治，是延长寿命的关键。

四、死亡的定义

医学研究的对象是人。它研究人的生命活动和人的健康与疾病等问题。因而生命与死亡、健康、疾病和衰老都是医学的基本范畴。与生相对应的是死，死亡（death）是生物个体存在的最终阶段，是机体生命活动不可逆转的终结，死亡是医学实践面临的现实问题。

1. 死亡的定义 随着医学的发展而有所改变。经典的关于死亡的定义认为：“死亡就是生命现象的停止。”1951年《布莱克法律词典》(*Black's Law Dictionary*)定义其为：“血液循环的完全停止，呼吸、脉搏的停止”，这就是传统的“循环-呼吸标准”。由于医学科学的巨大进步，心肺复苏技术可以停止临床死亡的发展，使心跳、呼吸停止的人复活。还可用人工心脏、人工肺或心脏移植，使心脏停搏或失去原来心脏功能的人继续存活。这时，循环-呼吸标准就不适用了。另一方面，一些大脑已受到不可逆损害的患者，仍可用呼吸机维持肺、心、肾等器官的功能而继续维持心跳，从伦理上，如何看待这些没有大脑活动的植物人，也是现代医学所面临的现实问题。脑是比心脏更容易死亡的器官。脑血流停止10秒，脑细胞活动即迟钝，意识蒙眬；脑部停止供氧3～4分钟，则发生变性和不可逆性损伤，中断6分钟则出现“脑死亡”。脑死亡是指全脑的功能不可逆地消失和停止。

生命的本质是机体内同化、异化过程这一对矛盾的不断运动，而死亡则是这一对矛盾的终止。人体内各组织器官的同化、异化过程的正常进行，首先需要呼吸、循环系统供给足够的氧气和原料，尤其是中枢神经系统耐受缺血缺氧的能力极差，所以一旦呼吸、心跳停止，可以立即引起死亡。所谓复苏也就是先用人工的方法代替呼吸、循环系统的功能，然后再进一步采取措施，恢复有效的自主呼吸和心跳，从而保证中枢神经系统的代谢活动、维持正常生理功能。同时，积极纠正体液内环境的紊乱，使组织细胞有稳定的代谢环境，也是十分必要的。通过复苏抢救，重建体内同化、异化这一对矛盾的动态平衡，才能复转机体的生命活动，逐步恢复健康。

2. 死亡的原因 死亡作为疾病的一种转归，也是生命的必然规律，但由于生命自然终止而“老死”的只是极少数，人类绝大部分都死于疾病。因病死亡的原因大致可分为三类：①由于重要生命器官（如脑、心、肝、双侧肾、肺及肾上腺等）发生了严重的、不可恢复的损害。②由于长期疾病导致机体衰竭、恶病质等以致代谢物质基础极度不足、各系统正常功能不能维持。③重要器官没有明显器质性损伤的急性死亡，如失血、窒息、休克、冻死等。

过去人们习惯把呼吸、心脏功能的永久性停止作为死亡标志。但由于医疗技术的进步，心肺复苏术的普及，一些新问题产生了，它们冲击着人们对死亡的认识。全脑功能停止，自发呼吸停止后，仍能靠人工呼吸等措施在一定时间内维持全身的血液循环和除脑以外的各器官的功能活动。众所周知脑是机体的统帅，是人类生存不可缺少的器官。一旦脑的功能永久性停止，个体的一生也就终结了。这就产生了关于“死亡”概念更新的问题。“脑死亡”的概念逐渐被人们所接受。医学界把脑干死亡12小时判断为死亡，因为完整中枢神经系统目前尚无法移植。

3. 死亡预测 预测一个患有慢性病的人可能何时死亡有时非常必要。健康保险通常不覆盖慢性病的安慰性治疗，除非是救济性治疗，这种治疗预计一般都少于6个月，要准确预测时间是非常困难的。在大量类似疾病患者的统计学分析基础上，对于患某种疾病的患者，医生常能够做出相当准确的短期预测。

例如，他们在同样处于危急状态的患者中可以精确估计出有5%的患者能够存活并出院。但要预测一个特殊个体将存活多久就困难得多。医生所能做出的预测是根据其概率和医生对这种概率的把握程度进行的。

假如预测存活的可能性是 10%，人们应承认那 90%的死亡可能性，并做出相应的安排。如果不可能获得统计学信息，医生不能做出任何预测或只能在自身经验的基础上做出自己的预测，当然这种预测可能就不是那么准确。一些医生宁可描述明显痊愈的病例给患者提供希望，而不谈大多数患类似疾病的患者有很高的死亡率。然而患有严重疾病的人和他们的家属，有权利获得最全面的信息和最真实的预测结果。通常是在存活时间较短但痛苦少与通过积极治疗延长存活时间、推迟死亡过程，但增加痛苦、丧失自主生活能力、降低生活质量两者之间选择。然而，患者和家属可能认为，只要有任何存活的机会，即使治愈的希望不现实，他们也要坚持试用这些治疗。在为一个垂死患者做出选择时，哲学问题、价值观和宗教信仰等起着重要的作用。

4. 死亡的标准 我国目前医学和法律上，还是以呼吸、心跳停止为判定死亡的标准。脑死亡还没有引入临床或司法实践。不过，学术界一直在建议采用脑死亡，国家卫生健康委员会也正在进行相关标准的研讨。

脑死亡：全脑功能不可逆性的永久性停止，称为脑死亡。

（1）大脑功能的停止：除运动、感觉之外，思考、感情等精神活动功能，即意识也都永久性丧失。脑电波消失。如果脑干功能尚存，有自发呼吸，则不能称为脑死亡，只能说是处于“植物状态”。

（2）脑干功能停止：脑干有网状结构、神经核、延髓心血管运动中枢、呼吸中枢等重要结构。因此，脑干功能丧失意味着上述结构功能停止。网状结构功能丧失导致昏迷，神经功能丧失则引起对光反射、角膜反射、眼球反射、前庭反射、咽反射、咳嗽反射的消失。

（3）延髓功能停止：自发呼吸停止，血压急剧下降，直至脑死亡。

目前关于脑死亡的判断标准尚未统一，但大多数是根据意识、呼吸、反射、脑电图等方面进行判断。脑死亡的标准：①不可逆昏迷和大脑全无反应性；②脑电波消失；③呼吸停止，人工呼吸 15 分钟仍无自主呼吸；④颅神经反射消失；⑤瞳孔散大或固定；⑥脑血液循环停止（脑血管造影证实）。

5. 安乐死 综合各种文献的介绍和有些国家法律的规定，其大意是：当一个面临死亡并挣扎在难以忍受的肉体痛苦中的人要求“安乐地死去”时，他人出于道义考虑，用致死的手段伤害其生命，被认为是合法的行为。

根据日本法律规定，具备下列条件者构成安乐死：第一，从现代医学知识和技术看，患者患不治之症，且逼近死亡。第二，患者痛苦之剧烈达到惨不忍睹的程度。第三，安乐死行为必须专为减轻患者的死亡痛苦才得以执行。第四，需要患者本人意识、神志清楚地真诚委托或同意。第五，原则上必须由医师执行。第六，执行方法必须在伦理上是正当的。

健康是人生最大的财富
谁拥有健康谁就能拥有一切

第二章　影响健康的因素

人生的幸福基于健康，这已成为现代人的一种共识，健康是人类最大的财富，更是人生的第一需求。随着社会的高度发展，生活节奏的日益加快，人们工作的日益繁忙，生活压力的日益加大，生存空间的日益紧张，健康与高质量的生活水准日益成为普通人的追求和向往。

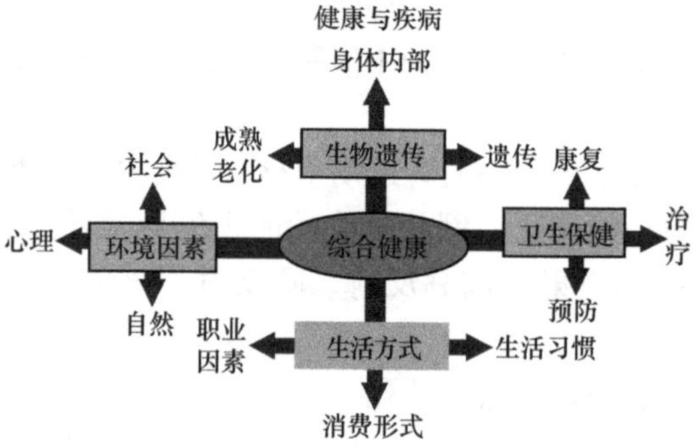

图 2-1　健康与疾病

追求健康，古今亦然，因为我们每个人都深切地体会到，个人事业的成功、家庭的美满幸福，都离不开身体的健康，没有了健康，其他一切都无从谈起。那么，怎样才能健康呢？我们已经知道了健康概念和健康标准，下面我们看看从胚胎形成以后，到生命的终结，也就是说在一个人的一生中，影响您健康的因素是什么（图 2-1）。

请看以下中国历朝历代人口平均寿命一览表（表 2-1）。

表 2-1　中国历朝历代人口平均寿命一览表

朝代或年份	人口平均寿命（岁）
夏	18
秦汉	20
东汉	22
唐	27
宋	30
清	33
1949	35
1957	57
1981	68
1999	70.8
2000	71.8

可以看出，我国人口的平均寿命，中华人民共和国成立初期仅有 35 岁，2000 年时我国人口的平均寿命已经达到 72 岁左右。

再来看一下其他国家的人口平均寿命（表 2-2）。

表 2-2　最新世界人口平均寿命排名

国家	人口平均寿命（岁）
安道尔	83.5
圣马力诺	81.4
日本	80
挪威	78
澳大利亚	79.9
瑞典	79.2
意大利	78
冰岛	78
芬兰	78
法国	78

通过表 2-2，我们可以发现我国人口的平均寿命，与发达国家相比，还有很大的提升空间。

WHO 研究提示影响个人健康和寿命的有四大因素：遗传因素占 15%～20%、环境因素占 20%～25%、医疗卫生服务占 10%～15%、生活条件和生活方式占 50%～55%（图 2-2）。

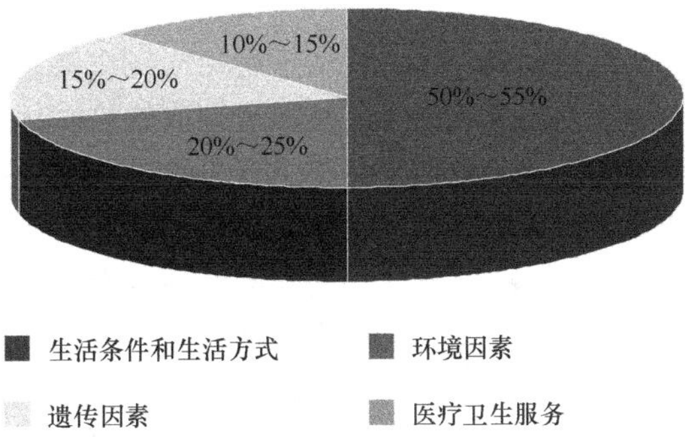

图 2-2　影响健康的因素

第一节　生物学因素

生物学因素对健康的影响包括遗传因素、生物性致病因素、心理因素三个方面。

一、遗传因素

机体生长发育到一定阶段，能产生与自己相似的子代，而且亲代的遗传信息由 DNA 带到子代细胞，它控制着子代细胞的各种生物分子的合成，使子代细胞与亲代细胞具有同样的结构和功能。人是由分子、细胞、组织、器官和系统构成的超高度复杂的有机体，婴儿的出生是一个奇迹，机体自身可完成一系列生命现象：新陈代谢、生长发育、防御侵袭、免疫反应、修复愈合、再生代偿、按照亲代的遗传模式世代繁殖。

二、生物性致病因素

生物性致病因素是指感染致病菌、病毒、螺旋体、立克次氏体、衣原体和支原体等病原微生物或感染人寄生虫而引起的疾病。随着预防医学的发展和诊疗技术的提高，尽管生物性因素致病概率在不断下降，治愈率在不断提高，但是还有很多不确定因素，新病种可能会随时出现，所以高度警惕是必要的。

三、心理因素

遗传是不可改变的因素，但心理因素可以改变，保持一个积极心理状态是保持和增进健康的必要条件。

因此，从生物学的角度考虑和分析不难发现，保持生殖细胞的良好种子，取决于育龄夫妇的身心健康，也就与其他影响健康的因素密不可分（见本章第五节“心理行为对健康的影响与关系”）。

第二节 环境因素

在物质文明高度发展的今天，人们越来越关注身体与健康，同时也越来越关注环境对健康的影响，以及环境与疾病的关系。

一、环境的概念

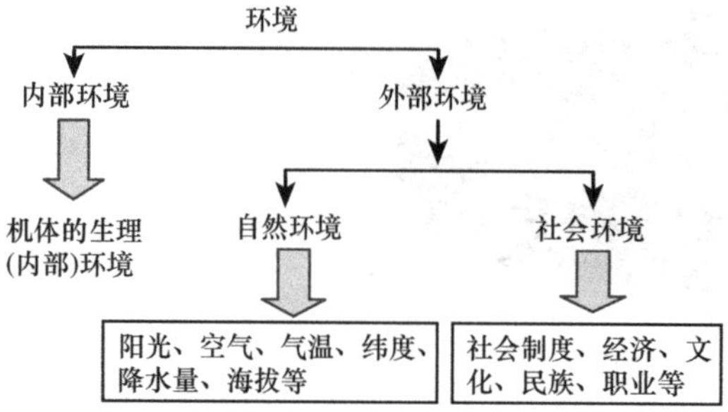

图 2-3 环境因素的组成

根据 WHO 的定义，环境（environment）是指特定时刻由物理、化学、生物及社会各种因素构成的整体状态（图 2-3），环境是人类生存发展的物质基础，也是与人类健康密切相关的重要条件。环境卫生是以人类及其周围的环境为对象，阐明环境因素对人类健康影响的发生发展规律，并通过识别、评价、利用和控制与人群健康有关的各种环境因素，达到保护和促进人群健康的目的。

在科技高度发展的今天，人类为了提高生活质量，创造更利于维护和促进健康的生产生活环境而利用环境中的各种资源，但同时由于人类社会行为的作用，造成环境污染、资源匮乏和生态破坏等诸多问题，使人体健康受到严重威胁。因此，应提高环境意识，认清环境与健康的关系，规范自己的社会行为（防止环境污染，保持生态平衡，促进环境生态向良性循环发展），建立保护环境的法规和标准，避免环境退化和失衡，正确处理人类与环境的关系。

1. 自然环境 是人类出现前就已客观存在的各种自然因素的总和，又可分为原生环境和次生环境。原生环境是指未受或少受人为作用的天然形成的自然环境，多数对健康起促进作用，也有可能会引起疾病。次生环境是指受各种人为活动作用过的非天然形成的自然环境，其中的物质交换迁移和转化，能量信息的传递等都发生了重大变化，可能优于原生环境，也可能质量变劣。

2. 社会环境 是指人类在生产、生活和社会交往等活动过程中建立起来的上层建筑体系，由各种非物质因素组成，包括生产关系、社会阶层和社会关系，涉及政治制度、经济水平、文化教育、人口状况、科技发展等诸多因素，良好的社会环境是人民健康的根本保障。

二、环境组成因素与健康

环境的组成因素包括生物因素、化学因素、物理因素和社会-心理因素等。环境中的各种因素（物理的、化学的、生物的、社会的）不是孤立存在的，而是互相依存、互相影响、互相联系的。

1. 生物因素 生物与生物间相互依存、相互制约，共同构成生物与环境的综合体，即生态系统。对人类健康有重要影响的生物因素主要有微生物、寄生虫和支原体等，是人类疾病的主要病因之一，此外，环境中的某些生物体可成为人类疾病的致病因素和传播媒介，但这些因素大多是可以预防的。

2. 化学因素 人类生存的环境中有天然的无机化学物质、人工合成的化学物质及动植物体内、微生物内的化学组分。环境中常见的致病化学因素包括金属和类金属等无机化合物；煤、石油等能源在燃烧过程中产生的硫氧化合物、氮氧化合物、碳氧化合物、碳氢化合物、有机溶剂等；生产过程中的原料中间体或废弃物（废水、废气、废渣）；农药；食品添加剂及以粉尘形态出现的无机和有机物质。

环境化学物质引起生物体损害的能力称为毒性，根据病程病变发展的快慢及作用特点可分为急性、慢性和慢性特殊毒作用。急性毒作用指机体一次大剂量接触或在 24 小时内多次接触一种环境化学物质所引起的快速而剧烈的急性中毒效应；慢性毒作用指环境化学物质在人或动物生命周期的大部分时间或整个生命周期内持续作用于机体所引起的损害。机体吸收环境毒物的量从低剂量逐渐累积到中毒阈剂量或机体对环境毒物造成的损伤未能及时修复（或修复而未复）而逐渐累积到中毒阈剂量，表现为缓慢、细微、耐受性甚至波及后代的慢性毒作用。慢性特殊毒作用包括诱变作用、致癌作用和致畸胎作用。

凡能改变机体细胞遗传物质而诱发突变的环境化学物质（或物理因素）均称为诱变原。诱变原作用于体细胞引起的突变，并由此引起癌变称为致癌作用；诱变原如作用于胚胎细胞并造成胎儿发育的先天畸形，称为致畸胎作用。

3. 物理因素 日常生活和生产环境中接触到很多物理因素达到一定强度和（或）接触时间过长时，会对机体的不同器官和（或）系统功能产生危害。例如，中暑是在高温或强辐射环境下，由于体温调节失衡和水盐代谢紊乱产生的以心血管和中枢神经系统功能障碍为主要表现的急性综合征；减压病是机体在某压力下暴露一定时间后脱离该环境时，因压力下降过快或幅度过大引起血管栓塞及压迫等症状的一种疾病；电离辐射是人类环境中存在着天然及人工污染的放射性物质，由于本身的衰变而以 α、β 粒子及 γ 和 X 射线的形式不断地向环境释放能量，当辐射剂量超过一定水平时，会产生皮肤灼伤或急性辐射综合征，低剂量电离辐射可能会加大长期影响的风险如癌症的发生。

4. 社会-心理因素 人类健康和疾病是一种社会现象，健康水平的提高和疾病的发生、发展及转归也必然会受到社会因素的制约。由于社会环境的变动常会影响个体心理和躯体的健康，心理因素又常与社会环境密切相关，因而常称为社会-心理因素。

社会-心理因素包括社会政治经济、文化教育、科学技术、家庭、生活方式、风俗习惯、卫生服务、人口等因素。如果强度过大、时间过久都会使人的心理活动失去平衡，继而引致神经活动的功能失调，甚至导致情感性疾病、心身疾病的发生，严重者还可能造成各种精神性疾病。

三、生态系统与生态平衡

1. 生态系统 是指生物群落和其生存环境所构成的物质、能量和信息的连续流动系统。生态系统由生产者、消费者、分解者和非生物环境构成，其中生产者为主要成分。在生态系统中，各种生物之间以摄食和被摄食的关系逐级传递物质和能量的关系，这种相互依存的链状关系被称为食物链，食物链对环境中物质的转移和蓄积有重要作用。

2. 生态平衡 生态系统作为一个独立的开放系统，具有自我调节、保持或恢复自身结构和功能相对稳定的能力，这样的生态系统称为健康的生态系统。生态系统健康是人类生存和发展的物质基础，也是人类健康的基础。生态系统处于稳态时被称为生态平衡，生态平衡是指生态系统各个环节的质和量相对稳定和相互适应的一种动态平衡，而影响生态平衡的因素，包括自然因素和人为因素。

（1）自然因素：包括火山喷发、地震、海啸、泥石流和雷击火灾等。这些因素都可能在很短时间内使生态系统遭到破坏，但其出现频率不高，在地域分布上也有一定的局限性。

（2）人为因素：包括毁坏植被，引进或消灭某一生物种群，大型工程，以及现代工业和农业生产过程中有毒物质排放等。这些人为因素都能破坏生态系统的结构和功能，引起生态失调，使人类生态环境的质量下降，甚至造成生态危机。有些污染物在生物体内蓄积，使生物体内的浓度大大高于环境中的浓度，被称为生物富集作用，而污染物在生物体之间沿着食物链浓度逐级增高，产生生物放大作用，进入高位营养级的污染物还可能通过食物链进入人体，危及人类的健康和安全。

四、人与环境的关系

1. 统一性 自然环境给人类提供了赖以生存的必要条件，同时环境的变化也会直接或间接地影响人体，而机体则相应地产生反应，人与环境存在着既对立又统一的关系。

2. 适应性 人类在面对环境压力时，通过行为反应、生理反应和基因频率的改变来应对压力，继续生存的能力称为对环境的适应性。人类调节自己来适应环境的变化，与环境保持平衡关系，但如果环境的变化超出人体的正常生理调节范围，则会影响人体健康，因此人与环境是对立统一、相互依存和相互制约的。

3. 能动性 人类并不是消极地适应环境，而是主动地依赖于环境、适应环境和积极地改造环境以满足自己的需求。

五、外部环境对机体的影响

随着环境污染的日益严重，许多人终日呼吸着被污染的空气，饮用着被污染的水，吃着从被污染的土壤中生长出来的农产品，耳边响着噪声等，环境污染严重地威胁着人体健康，甚至生命。

1. 大气污染与人体健康 大气污染主要是指大气的化学性污染。大气中化学性污染物的种类很多，对人体危害严重的多达几十种。我国的大气污染属于煤炭型污染，主要的污染物是烟尘和二氧化硫，此外，还有氮氧化物和一氧化碳等。这些污染物主要通过呼吸道进入人体内，不经过肝脏的解毒作用，直接由血液运输到全身。所以，大气的化学性污染对人体健康的危害很大。这种危害可以分为慢性中毒、急性中毒和致癌作用三种。

（1）慢性中毒：大气中化学性污染物的浓度一般比较低，对人体主要产生慢性毒害作用。科学研究表明，城市大气的化学性污染是慢性支气管炎、肺气肿和支气管哮喘等疾病的重要诱因。

（2）急性中毒：在工厂大量排放有害气体并且无风、多雾时，大气中的化学污染物不易散开，就会使人急性中毒。例如，1961年，日本四日市的三家石油化工企业，因为不断地大量排放二氧化硫等化学性污染物，再加上无风的天气，致使当地居民哮喘病大量发生。后来，当地的这种大气污染得到了治理，哮喘病的发病率也随之降低了。

（3）致癌作用：大气中化学性污染物中具有致癌作用的有多环芳烃类和含铅的化合物等，其中3，4-苯并芘引起肺癌的作用最强烈。燃烧的煤炭、行驶的汽车和香烟的烟雾中都含有很多3，4-苯并芘。大气中的化学性污染物，还可以降落到水体和土壤中及农作物上，被农作物吸收和富集后危害人体健康。

大气污染还包括大气的生物性污染和大气的放射性污染。大气的生物性污染物主要有病原菌、霉菌孢子和花粉。病原菌能使人患肺结核等传染病，霉菌孢子和花粉能使一些人产生过敏反应。大气的放射性污染物，主要来自原子能工业的放射性废弃物和医用X射线源等，这些污染物容易使人患皮肤癌和白血病等。

2. 水污染与人体健康 河流、湖泊等水体被污染后，对人体健康会造成严重的危害，这主要表现在以下三个方面。

（1）饮用污染的水和食用污水中的生物：能使人中毒甚至死亡。例如，1956年，日本熊本县的水俣湾地区出现了一些病因不明的患者。患者有痉挛、麻痹、运动失调、语言和听力发生障碍等症状，最后因无法治疗而痛苦地死去，人们称这种怪病为水俣病。后来科学家们研究清楚了这种病是由当地含汞（Hg）的工业废水造成的。Hg转化成甲基汞后，富集在鱼、虾和贝类的体内，人们如果长期食用这些鱼、虾和贝类，甲基汞就会引起以脑细胞损伤为主的慢性甲基汞中毒。孕妇体内的甲基汞，甚至能使患儿发育不良、智能低下和四肢变形。

（2）被人畜粪便和生活垃圾污染了的水体：能够引起病毒性肝炎、细菌性痢疾等传染病，以及血吸虫病等寄生虫疾病。

（3）一些具有致癌作用的化学物质：如砷（As）、铬（Cr）、苯胺等污染水体后，可以在水体中的悬浮物、底泥和水生生物体内蓄积。长期饮用这样的污水，容易诱发癌症。

3. 固体废弃物污染与人体健康 固体废弃物是指人类在生产和生活中丢弃的固体物质，如采矿业的废石、工业的废渣、废弃的塑料制品及生活垃圾。应当认识到，固体废弃物只是在某一过程或某一方面没有使用价值，实际上通常可以作为另一生产过程的原料被利用，因此，固体废弃物又称“放在错误地点的原料”。但是，这些“放在错误地点的原料”，通常含有多种对人体健康有害的物质，如果不及时加以利用，长期堆放，越积越多，就会污染生态环境，对人体健康造成危害。

4. 噪声污染与人体健康 噪声对人的危害是多方面的：第一，损伤听力。长期在强噪声中工作，听力就会下降，甚至造成噪声性耳聋。第二，干扰睡眠。当人的睡眠受到噪声的干扰时，就不能消除疲劳、恢复体力。第三，诱发多种疾病。噪声会使人处于紧张状态，致使心率加快、血压升高，甚至诱发胃肠溃疡和内分泌系统功能紊乱等疾病。第四，影响心理健康。噪声会使人心情烦躁，不能集中精力学习和工作，并且容易引发工伤和交通事故。因此，我们应当采取多种措施，防治环境污染，使包括人类在内的所有生物都生活在美好的生态环境中。

第三节 卫生服务因素

卫生服务的范围、内容与质量，直接关系到人的生、老、病、死及由此产生的一系列健康问题，而且与国家的发展现状和社会保障的完备程度有关。

凡是中华人民共和国的公民，无论是城市或农村、户籍或非户籍的人口，都能享受国家基本公共卫生服务。

一、卫生服务的概念

卫生服务是指卫生服务机构和卫生专业人员为了防治疾病、增进健康，运用卫生资源和各种手段，有计划、有目的地向个人、群体和社会提供必要服务的过程。健全的医疗卫生机构，完备的服务网络、一定的卫生经费投入，以及合理的资源配置，均对人群健康有促进作用。

二、国家基本公共卫生服务项目

国家基本公共卫生服务项目是促进基本公共卫生服务逐步均等化的重要内容，是深化医药卫生体制改革的重要工作，是我国政府针对当前城乡居民存在的主要健康问题，以儿童、孕产妇、老年人、慢性疾病患者为重点人群，面向全体居民免费提供最基本的公共卫生服务。开展服务项目所需资金主要由政府承担，城乡居民可直接受益。

2009 年，国家就已经启动基本公共卫生服务项目，免费为城乡居民提供建立居民健康档案、健康教育、预防接种、0～6 岁儿童健康管理、孕产妇健康管理、老年人健康管理、高血压和糖尿病患者健康管理、重症精神疾病患者管理、传染病及突发公共卫生事件报告和处理、卫生监督协管共 10 类 41 项服务。这是促进基本公共卫生服务逐步均等化的重要内容，是深化医药卫生体制改革的重点工作，也是一项惠及千家万户的重大民生工程，覆盖我国 13.9 亿多人口，与人民群众的生活健康息息相关。

三、医疗卫生服务的特点

1. 以健康为中心 健康是指整个身体、精神和社会生活的完好状态，而不仅仅是没有疾病或虚弱。在社会、经济快速发展的今天，如何确保每个人的身心健康是政府、社会、家庭及卫生部门所面临的新问题。因为许多互相关联的因素影响着人们的健康，如环境污染、不良的生活方式和行为、社会文化因素、医疗保健制度、疾病等。如何鼓励和帮助人们预防疾病和残疾，建立有助于健康的生活方式，维护最佳的生活环境，是对政府、社会及卫生部门的新挑战，卫生部门必须将工作的重点从治疗疾病转移到预防和控制导致疾病的各种危险因素上，转移到保护和促进健康上。

医疗卫生服务必须是以人为中心，以健康为中心，而不是以病人为中心，更不是以疾病为中心。这种变化需要大幅度改变我们的生活方式，仅仅靠治疗个体疾病的医疗工作是远远不够的，要求卫生服务走进社区和家庭，动员每个人主动地改变社会环境，建立健康的生活方式，预防疾病和残疾，促进健康。

2. 以人群为对象 医院的服务是以就诊的每个患者作为服务对象的，而医疗卫生服务是维护社区内的所有人群的健康，如改善社区医疗的卫生环境、居住条件，消除不安全因素和改变不健康生活方式等，是以社区所有人群的利益和健康为出发点的。在对每个儿童作预防接种和系统保健时，不只限于这个孩子的健康问题，而是通过每个个体的预防接种发现整个社区的儿童预防接种的覆盖率和营养状况、健康状况，制订个体和整体的干预计划。如发现社区儿童营养不良的发病率高，要考虑是否需要在社区内开展婴儿合理喂养的健康教育，这就是以人群为服务对象的特点。当然，在改革群体工作的同时，也需重视对个体的干预和指导。

3. 以家庭为单位 家庭是社区医疗组成的最基本单元。一个家庭内的每一个成员之间有密切的血缘和经济关系，以及相似的行为、生活方式、居住环境、卫生习惯等。因此，在健康问题上存在着相同的危险因素。例如，婴儿的喂养，必须考虑父母的社会、文化背景，并且从他们的文化角度考虑如何对父母进行母乳喂养等内容的健康教育。如需照顾老人的健康，必须动员家庭子女承担起责任和义务。

4. 提供综合服务 健康已经被赋予了新的内涵，因此医疗卫生服务必须是综合的、全方位的，并且是多部门参与的。例如，要保证儿童健康，首先要给予母亲提供孕产期保健和产后保健、新生儿访视及儿童系统管理。教育父母如何喂养孩子，帮助父母对儿童进行早期教育，改善社区内的医疗卫生环境，减少污染等。只有提供这一系列服务，才可能保证儿童的身心健康。

四、实施国家基本公共卫生服务项目对居民的优势

国家基本公共卫生服务项目覆盖我国 13.9 亿多人口，与人民群众的生活和健康息息相关。实施项目可促进居民健康意识的提高和不良生活方式的改变，逐步树立起自我健康管理的理念；可以减少主要健康危险元素，预防和控制传染病及慢性病的发生和流行；可以提高公共卫生服务和突发公共卫生事件应急处置能力，建立起维护居民健康的第一道屏障，对于提高居民健康素质有重要促进作用。

五、居民健康档案的重要性

居民健康档案是居民健康状况的资料库。记录着居民的疾病家族史、遗传史和生活、工作环境等状况。从出生开始，记录着新生儿、婴幼儿、学龄前期的生长发育、健康状况和预防保健管理信息；妇女人生各期，特别是妊娠期的健康管理信息；老年人健康管理与各时期患病时的医疗保健信息；等等。总之，健康档案应是陪伴居民终身、全面、综合、连续性的健康资料，它翔实、完整地记录了居民一生各个阶段的健康状况及预防、医疗、保健、康复信息。

所有城乡居民，凡是在社区居住半年以上的，包括户籍及非户籍人口，都可以在本社区的乡镇卫生院、村卫生室或社区卫生服务中心（站）自愿建立居民健康档案。

对于居民个人，建立健康档案可以了解和掌握本人健康状况的动态变化情况。居民看病时，医务人员通过查看健康档案信息，可以了解居民的健康状况、存在的健康危险因素，所患疾病的检查、治疗及病情变化情况，从而对居民的健康状况做出综合评估，采取相应的治疗措施，进行有针对性的健康指导，更好地控制疾病的发生、发展。健康档案还将逐步实现计算机化管理，到那时，居民无论是在基层医疗机构还是到大医院就诊，均可以通过计算机查看健康信息，减少了重复检查、用药，降低了医疗费用。医务人员通过对社区

居民健康档案的分析，还可以发现本辖区居民的主要健康问题，以便采取有效的防治措施。

因此，在居民到乡镇卫生院、村卫生室、社区卫生服务中心（站）就诊、咨询，或接受卫生调查、疾病筛查、健康体检等服务时，由基层医务人员负责为居民建立健康档案。根据工作需要，医务人员还会走进社区、家庭开展建档工作，这对提高全民健康意识和健康素质大有裨益。

第四节　行为与生活方式因素

行为与生活方式是指人们受文化、民族、经济、社会、风俗、家庭和同辈影响的生活习惯和行为。生活方式，是指在一定的环境条件下所形成的生活意识和生活行为习惯的统称。不良生活方式和有害健康行为，已成为当今危害人们健康，导致疾病和死亡的主要原因。

在我国，死因的前三位分别是恶性肿瘤、脑血管病和心脏病，这些疾病与生活习惯和不良卫生行为有密切关联。健康相关行为是指个体或团体与健康、疾病有关的行为。一般分为两大类，促进健康的行为和危害健康的行为。

一、促进健康行为

促进健康行为是个体或群体表现出的客观上有利于自身和他人健康的一组行为。

1. 日常健康行为　如合理营养，平衡膳食，睡眠适量，积极锻炼，有规律作息等。

2. 保健行为　如定期体检、预防接种等合理应用医疗保健服务。

3. 避免有害环境　有害环境既包含环境污染，也有紧张的生活环境因素。

4. 戒除不良的嗜好　戒烟，不酗酒，不滥用药物。

5. 求医行为　觉察自己有某些疾病时，寻求科学、可靠的医疗帮助行为，如主动求医，真实提供病史和症状，积极配合医疗护理，保持乐观向上的情绪。

6. 遵医行为　发生在已知自己确有疾病后，积极配合医生，服从治疗的行为。

二、危害健康行为

危害健康行为是个人或群体在偏离个人、他人、社会期望方向上表现的一组行为。

1. 日常危害健康的行为　如吸烟、酗酒、滥用药物（吸毒）、不洁性行为等。

2. 不良生活习惯　如饮食过度，高脂肪、高糖分、高盐分、低纤维素饮食，偏食、挑食和过度吃零食、嗜好含致癌物质的食品（烟熏、火烤、长时间高温加热的食品、腌制品）、不良进食习惯（过热、过凉、过硬、过酸食品）。

3. 不良疾病行为　如求医时隐瞒病情行为，恐惧行为，自暴自弃行为，以及悲观绝望或求神拜佛的迷信行为。

同时 WHO 指出，人类 40%的死亡原因疾病中，有 1/3 以上的病因是与 10 种影响健康的危害因素相关：①体重不足；②不安全性行为；③高血压；④吸烟；⑤饮酒；⑥不洁饮水；⑦缺乏公共卫生条件；⑧铁缺乏；⑨固体染料（室内、车内的装修材料等）所致污染；⑩高胆固醇致肥胖。

三、吸烟的危害

吸烟会给机体带来诸多危害包括对呼吸道的损害（如肺癌，图 2-4）、对心血管的损害、对脑的损害及吸烟的其他损害。

1. 烟草与尼古丁　烟草中的尼古丁是导致吸烟成瘾的生物碱，但是尼古丁不是烟草中特有的化学成分（在土豆、菜花、茄子、番茄等中也含有）；非致癌物质，天然态为液体，由燃烧的烟草蒸馏而来，焦油的微滴中携带。

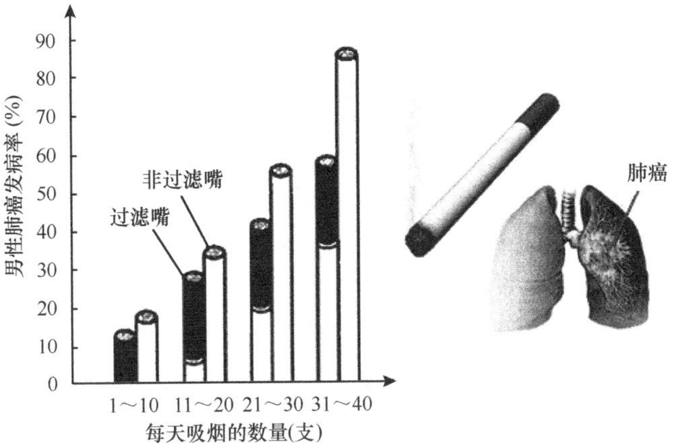

图 2-4 吸烟与肺癌

卷烟是传输尼古丁的最有效装置，吸入动脉血峰浓度是静脉的 2～4 倍。

2. 烟草中的尼古丁是导致吸烟成瘾的生物碱 尼古丁是一种兴奋剂，可以使吸烟者产生轻松愉快的感觉，尼古丁最大的危害在于它的成瘾性，且作用极为迅速，它还是一种抗焦虑药物，过量吸入有抑制或麻痹作用。长期吸烟可使人体对烟碱产生依赖性，机体活力下降，记忆力减退，工作效率低下，以及造成多种器官受累的综合病变（图 2-5）。

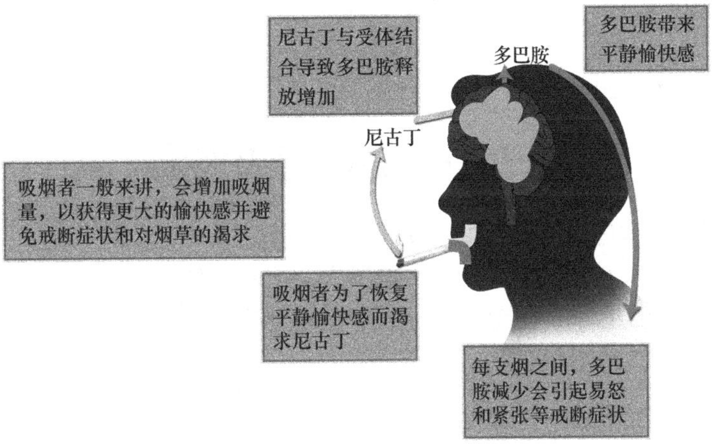

图 2-5 尼古丁成瘾环

3. 烟草成瘾与戒烟 尼古丁是所有烟草中的基本成分，也是人们吸食烟草的基本原因。吸入尼古丁使人们产生欣快感，长期吸食尼古丁能够导致依赖。当减少尼古丁的吸入量，或者停止吸入尼古丁，会产生生理上的不适，这种不适被称为“戒断症状”。尼古丁的戒断症状常在 1～2 周内达到高峰，通常持续 3～4 周。

尼古丁戒断症状：渴望、易怒、挫败感或者愤怒、焦虑、难以集中精力、心率减慢、睡眠紊乱、食欲增加或者体重增大等。

四、酗酒的危害

酗酒是指无节制地过量饮酒，主要危害包括酒精对肝脏的损害、酒精对神经系统的损害、酒精对人体其他系统的损害及酗酒对社会的危害。

五、吸毒的危害

毒品是指鸦片、吗啡、大麻、可卡因、冰毒、“摇头丸”等使人成瘾的麻醉药品与精神药品。毒品是世界性公害，目前全世界吸毒人数在1000万以上。毒品对人体最大的危害就是其药理作用所引起的强烈的依赖性和严重的并发症，一旦染上毒瘾，人体就会对毒品产生强烈的依赖性，如果停止吸毒8～14小时，就会出现胸闷、呕吐、意识障碍、大小便失禁、浑身打战等症状，重者会失去理智和自制力。

六、大学生应保持生活、饮食规律

应注意以下要点：

1. 大学生参加各项活动要有规律。

2. 保持健康的生活方式、卫生习惯。

3. 按时作息，按时就餐。

4. 每天学习不超过10小时。

5. 每天保证8小时左右的睡眠；每天至少参加1小时户外活动。

学习过程中注意劳逸结合，合理用脑，掌握有效的学习方法。

6. 科学合理摄入（三餐热量分配应早、晚餐各占30%，中餐占40%）饮食营养，注意饮食卫生。

7. 提高防病治病知识及意识等。

第五节　心理行为因素

以往人们说心理与健康，多是指心理与“不健康”，即心理与疾病的关系。其实，心理不仅与疾病有关，也与疾病的对立面——健康有关。心理如何影响健康，哪些心理与健康有关，通过什么途径，影响哪些健康问题，如何调节影响健康的心理，都是人们所关注的内容。

一、心理和行为对健康影响方式的三个主要途径

1. 心理-生理-健康途径　某些心理现象可以通过中枢神经系统和内脏器官之间的生理生化渠道，直接影响躯体健康。例如，长期的精神过度紧张可以导致肾上腺素分泌持续增高，而肾上腺皮质和髓质分泌的激素可以影响广泛的躯体功能，并导致肾上腺代偿性增大。人在情绪紧张时的心跳加速、血压上升等内脏功能变化，便是一个实例。

正常情况下，这些内脏功能有一个正常的稳态范围，暂时的变化不超出这个范围，而剧烈、长时间的功能亢进，会导致产生内分泌激素的器官代偿性增生，如此形成恶性循环，影响激素靶器官的功能。

精神紧张是一个心理（情绪）现象，它有相应的情绪中枢，这些中枢同时又是调节控制各种内脏器官的神经中枢，因此它的活动就形成了一个心理与内脏功能之间的调制器，

这可以归结为心理-生理-健康途径。

2. 心理-行为-健康途径　心理因素可以导致一些与健康有关的行为变化，这些行为间接地影响躯体健康，典型的例子是吸烟、吸毒，以及一些追求感官刺激的危害行为，吸烟的起始原因可以是青少年社会圈子的心理压力，或者某种精神状态，这些心理压力或精神状态不一定直接影响身体功能，但由此引起的吸烟行为都会对健康产生影响，这类健康行为有很多。例如，各种精神压力导致的生活节奏紊乱，如睡眠、饮食、卫生等，这是一个心理-行为-健康途径，健康“高危因素”，大多属于此类范畴。

3. 心理-求医行为-健康途径　某些心理因素可以影响人的求医行为，这些求医行为间接影响疾病和健康的过程。例如，对医嘱的服从程度，便是一个典型的心理影响求医行为的例子。这个途径可以概括为心理-求医行为-健康。

需要说明的是，这三种途径并不一定是互相排斥的，而是在一定条件下可以互相作用的，影响身体健康。例如，过度焦虑，不仅可以直接导致相应内分泌功能极度激活，也可导致吸烟、酗酒等行为，还可以干扰求医行为。

二、心理影响健康对疾病进程不同阶段的作用

疾病可以分为起源、治疗效果、康复等方面。

1. 有些心理因素导致或参与某些疾病的起源　如A型性格（非A型血）在冠心病起源中的作用，是一个并发因素，或者诱发因素，同其他病因共同作用，导致相应的疾病；又如，吸烟与癌症的关系，吸烟本身是一个与心理因素密切相关的个体行为，但烟草中的毒素本身有成瘾和致癌作用，以及导致其他肺部疾病的作用。因此，导致吸烟的心理因素和吸烟的行为，也可以说具有间接的致病作用。

2. 有些心理因素可以在很大程度上影响疾病的治疗效果　如癌症术后的化疗，通常带有很强的心理和生理副作用，这些心理、生理副作用，又会反过来影响患者接受治疗的选择和效果。手术本身也可以受某种心理因素的影响。如乳腺癌的治疗，在选择手术全切除和局部切除加放化疗中，便受年龄、婚姻状况、对女性形象的关注等文化、心理因素的影响，年轻患者更多考虑保存乳腺和维护正常性功能；而年龄较大的患者多考虑更安全的治疗方式。

3. 疾病康复中的心理因素　康复心理学是一个专门的领域，心理因素还可以直接导致心理健康问题，如过度精神紧张可以导致焦虑或抑郁症，甚至参与引发各种神经、精神类疾病。

反思：
工作太忙、压力太大、应酬太多
运动太少、饮食太差、睡眠不足

第三章　生活方式与生活方式病

健康是人生最大的财富，谁拥有健康谁就能拥有一切。

——希腊哲学家赫拉克利特

健康与个人、家庭、社会密切相关，诸多因素影响着健康。金钱、知识、家庭、健康，哪一项排在第一位呢，不同的个体有不同的答案。但是现在大多数人，都会把健康排第一位。所以选择健康的生活方式，过高质量的幸福生活，是我们的新课题。

第一节　生活方式与生活方式病的概念

生活方式不仅与人们的生活状态息息相关，而且与人们的健康更是密不可分，因此有必要关注生活方式及与生活方式有关的疾病。

一、生 活 方 式

首先要清楚，什么是生活方式？所谓生活方式实际就是指人们日常生活的习惯行为，包括饮食、衣着、运动、作息、交流、爱好等方面。每个人都有自己独特的生活方式，但是，在人群里生活方式也会相互影响，尤其在大众传媒和传播技术高度发达的今天，生活方式还会通过大众媒体得以传播。

二、生活方式病

有龋齿健康吗？有头皮屑是否健康？生活中通常出现很多错误的生活观念：饿了才吃，渴了才喝，困了才睡，累了才歇，急了才排，胖了才减，病了才治，老了才养。

讨论 1

尽管个人不良的生活方式不利于躯体性健康，如酗酒、吸烟、暴饮暴食等，但他自己却心甘情愿，并可从中感到心情愉快，得到精神上的满足。因此，这本身也是一种健康。

我们认为：

首先，这种观点，片面地理解了健康的内涵。

其次，这种精神、心理性健康是一种畸形的健康方式，是以牺牲躯体性健康为代价的。

再次，这种方式完全从个人利益出发，忽视了他人利益和社会利益。

讨论 2

每个人都有自己的生活方式，生活方式纯粹是个人的私事，他人无权干涉。同样，健康也纯粹是个人的私事，他人也无权干涉。

我们认为：

第一，它不了解健康道德的意义。

第二，它违背了“人人健康，人人参与”的健康道德原则。

第三，它忽视了健康既是一个人的权利，也是一个人的义务，是权利与义务的统一。

第四，它忽视了健康与社会、环境的关系。

第五，它忽视了健康道德的作用，容易产生消极的影响。

其实生活方式与健康状况有着极为密切的联系，与生活方式有明确因果关系的疾病称为“生活方式病”。不健康的生活方式不仅与性病、艾滋病（获得性免疫缺陷综合征，本质上也属于性病范畴）、甲型肝炎等传染病有着直接的关系，还会直接或间接地引起各种慢性病，如高血压、冠心病、糖尿病、恶性肿瘤等。现代人类所感染的疾病中有 45%与生活方式有关，而死亡因素中有 60%与生活方式有关。

目前，城市的不健康生活方式包括吸烟、过量饮酒、高糖高脂高胆固醇饮食、食物过细、缺乏运动、精神紧张及不健康的夜生活等。在农村，过去的不健康行为没有得到完全纠正，又增加了新的更多的不健康生活方式，膳食不平衡，食物由多粗粮改为多细粮，吸烟、过量饮酒，越来越肥胖，导致超重人群已成为司空见惯的“风景线”。随之而来的便是动脉硬化、高血压、冠心病、糖尿病等的发病率增高，发病年龄提前。

另外，不健康的生活方式还会传播疾病，如随地吐痰可以传播呼吸道疾病，如流感、非典型肺炎、白喉、肺结核、脑膜炎等；随地大小便可污染水源，传播消化道传染病，如痢疾、霍乱、肝炎等；不洁性行为及多个性伴侣，共用针头注射毒品，还会传播性病、艾滋病和肝炎等。

总之，不健康的生活方式不仅危害自身健康，还会殃及他人，所以，不健康的生活方式是健康的大敌。

第二节 生活方式病的种类

前面刚刚说过什么是生活方式病，其实“生活方式病”这一概念是近年由医学界提出来的。医学认为，不合理的饮食习惯（如高盐、高脂、饱食等）、运动习惯（运动不科学）、生活习惯（熬夜、计较得失、精神压力过大）及吸烟、饮酒是生活方式病的主要致病因素。

一、生活方式病所包含的内容

生活方式病一般包括糖尿病、高脂血症、高血压、肥胖、骨质疏松、脑血管意外、缺血性心脏病、癌症等。

生活方式病主要由长期的不良生活习惯日积月累引发，许多生活方式病在形成和发展过程中，通常没有明显的症状甚至完全没有异常的自我感觉，以至于有些已经患上晚期癌症的人，在检查结果披露之前被认为是无病的健康人。对生活方式病如果放任不管，其发展后果是令人十分担忧的，有时甚至是致命的。

二、生活方式病的特点

1. 生活方式病是由多重因素长期刺激造成的，主要是人体新陈代谢失调引起。

2. 发病隐匿，大多数毫无知觉，个别人仅有短时间不适，很快就恢复正常，通常是在常规体检时发现并确诊。

3. 发病率高，且持续上升，并有低龄化趋势，据 WHO 预测，到 2020 年生活方式病将成为人类的头号杀手。

4. 发病率城区高于郊区，经济发达地区高于经济欠发达地区，男性高于女性。

5. 发病者处于“亚健康”状态，在人们确诊出生活方式病之前，常处于一种易疲劳、缺乏活力、情绪不稳定、失眠的状态，在生活方面表现为失眠、头痛、困倦、疲劳、懈怠、心悸、性功能减退等，在心理方面，则是情绪低落、精神萎靡、记忆力减退、焦虑烦躁、神经质等。在情感方面，主要有冷漠、无望、无助、孤独、空虚、轻率等症状。常规检查时，并没有器质性改变等发现，仅可能显示患者的血脂偏高，人体处于生理功能、免疫功能低下状态，而一旦机体遭受诱因袭击，就会发生疾病。

6. 早期发现，及时治疗，可以治愈；及时预防就可以避免或延缓发病过程。

第三节　生活方式病的表现

实际上日常生活的各种行为，以及社会、政治、经济、思想文化等方面的因素对人体生理功能和心理的影响，在不同的人有不同表现，使生活、工作在不同地域、行业、经济条件、兴趣爱好，生活方式各异的人，显示出复杂多样的表现、症状和原因。

一、不健康生活方式的表现

生活在不同地域、行业、经济条件下，兴趣爱好千差万别的人群，不健康生活方式的表现各有侧重。

1. 吸烟　与肺、口腔、咽、食管等器官的疾病甚至癌症有关，尤其是每天吸烟 20 支以上者，患慢性病的危险迅速增加。

2. 饮食习惯不健康　膳食结构不合理，摄入过多的能量或爱好加工类食品者，易患高脂血症、肥胖症等。

3. 饮酒过量，运动缺乏　可导致心肺耐力下降、肌肉强度减弱和肌内脂肪含量增加。

4. 工作压力大　工作超负荷运转，过度劳累，且又缺乏休息（失眠或睡眠少于 7 小时），易出现心绞痛症状。

5. 情绪异常　精神紧张、烦恼、情绪异常、焦虑、忧郁、亢奋、人际关系不和谐，易致长期处于应激状态，造成精神衰竭。

6. 不良用药习惯等行为　对某些药物有依赖或药物成瘾，不遵医嘱服药如高血压患者不按时服药，社会行为适应不良如易暴怒的冲动行为、迷信行为、赌博行为等。

二、生活方式病的表现

不健康的生活方式对不同地区、行业、经济条件、兴趣爱好的人，具有不同的影响，会引起各种各样的疾病表现，具有复杂多样的症状。

1. 久坐综合征　长期久坐伏案工作，会使气血运行不畅，易出现便秘、高血压、骨质疏松、抑郁和焦虑的症状。

2. 高强度疲劳　现代社会无论“蓝领”还是“白领”，均长期处于激烈的竞争环境中，工作压力大，生活不规律，精神紧张，疲惫不堪，表现为面色苍白、缺乏活力、腰酸背痛、身心疲惫等。

3. 颈椎、腰椎病 由于身体长时间前屈，使肌肉、韧带、筋膜、关节囊等软组织处于紧张状态，颈部、腰部肌肉的收缩超出生理负荷自我调节的限度，引起无菌性炎症，就会在肌肉筋膜里面产生水肿，使得椎间盘退化、骨质增生、椎间盘压迫神经，引起腰痛。

4. 果汁综合征 纯果汁是一种低热量饮料，含有多种维生素、无机盐和有机酸等营养成分，有预防疾病、保健、美容护肤等作用。但是过多饮用果汁，其代谢产物会导致人体情绪低落、神经过敏、肌肉僵直、便秘和腰酸背痛的现象出现，其含有的果糖影响人体对铁和铜的吸收，易致人体出现缺铁性贫血和含铜蛋白质的合成障碍。其含有的人工色素可引起癌肿和哮喘、鼻炎、荨麻疹、皮肤瘙痒、神经性头痛和行为紊乱等多种问题。

5. 癌症 由于不健康的生活方式，如膳食不合理、吸烟、酗酒、心理过度紧张和压力过大、缺乏运动等引起人体代谢失调、内分泌紊乱、人体免疫功能下降、机体细胞突变，导致癌症。

第四节 生活方式病的原因

近年来，已经有许多大家喜爱的名人、明星因突发疾病或身患绝症而离去，他们事业如日中天之时，却英年早逝，让人痛心疾首、扼腕叹息。我们应该深刻反思：工作太忙、压力太大、应酬太多、运动太少、饮食太“差”。实际上，生活方式病的种类众多，影响因素是多方面的，而且影响因素之间又具有互相关联、互相影响、互相累积叠加的特点。

一、工作压力大

现代社会竞争无处不在，日趋激烈，人们用心、用脑过多，紧张的脑力劳动可致神经调节失常，各主要器官长期处于超正常负荷状态，导致脂类代谢紊乱，血胆固醇升高，表现为人体经常处于活力不足、精神不振、神经的适应能力降低等亚健康状态。

二、生活不规律

在一个竞争高度激烈社会中生活的人，经常加班、出差，吃饭不规律，早餐常忘记吃，长时间伏案工作，缺少体力活动，甚至忙得连抬一下头的时间都没有，这些都会直接影响人体消化酶、消化液的规律性分泌。

三、营养不平衡

现代人长期吃高糖、高脂肪、高蛋白质食物，爱吃咸食，喜好快餐，食物里的纤维素不足，易致肠蠕动减慢，引起食欲不振、脾胃虚弱、体弱多汗、便秘，甚至免疫力下降，反复感冒。

四、人际关系错综复杂

激烈的社会竞争导致了人们相互之间的张力增加，似乎每个人都认识很多人，但真正可以交流谈心的人却少之又少。

五、睡眠不足

由于人们工作压力大，干扰因素多，常常不能在规定的时间睡眠，甚至在睡眠时考虑问题，用脑过度、回忆过程、寻找答案会慢慢侵蚀身体的功能储备。

六、目标与现实之间的差距

人们的自我期待在现实中无法满足时就会产生沮丧情绪，这种情绪如果得不到及时合理的宣泄就会积累，时间越久对身体危害越大。

七、环境污染

工业的发展，虽然促进了社会文明，促进了交通运输的发展，但产生了工业废物。工业废物、废水污染土壤和水，交通运输业的发展又产生噪声等，均会影响人体心血管系统、神经系统的功能，直接影响组织细胞的生理功能和人体健康。

第五节　生活方式病的诊断

生活方式病的诊断和临床其他疾病的诊断相比，有其共性，又有其特殊性。

一、详细询问患者的生活状况

详细询问患者的生活状况，以判断整体健康状况。主要内容：生活是否规律，对周围事物是否感兴趣，每周是否有时间运动，是否吸烟，睡眠时间是否充足，饮食生活是否规律，营养是否均衡，每日是否吃早餐，有无喝咖啡、饮酒等嗜好，每日劳动时间是否过长，对自己生活是否满足，是否每天感觉到有可察觉的各种刺激，是否吃零食及是否控制食盐摄入等。

二、询问病史

推测患各种疾病的概率，如生活不规律的人患消化系统疾病的可能性提高了 3 倍，如每周 1 次运动都不参加的人较经常参加运动的人患肝病的危险提高了 2～3 倍。吸烟者较不吸烟者患消化性溃疡的可能性高 4 倍以上，患心血管疾病的可能性高 5 倍以上。不吃早餐的人较吃早餐的人患糖尿病的可能性高 3 倍以上，经常遭受精神刺激的人较不受精神刺激的人患消化性溃疡的可能性高 4 倍，患心血管疾病的可能性高 2 倍。每天无限制摄取食盐的人较限制摄取食盐的人患心血管疾病的可能性高 4 倍。

三、针对性的检查

根据某种疾病的患病概率，做针对性的化验及相关检查，明确诊断。

第六节　生活方式病的预防与治疗

目前，人们对健康持有三种不同的态度：第一种是懂得健康，并按健康规律生活；第二种是宿命论，不相信健康有规律可循，认为人的命由天定，生活不必太顾忌；第三种是相信健康之道，却不懂健康之窍，相对来说持第三种态度者最多。根据这一现实，人们摒弃不正确的心态和行为方式，科学地维护健康非常必要。

了解生命才能掌握生命，人的生命是许多因素（对立着的双方）交织在一起的，而且相互作用、相互渗透、相互促进地延长或缩短人的生命。那么我们怎样延长体内的生命因子，提高自身的健康素质呢？可以从三个方面来看：

（1）知识是前提：健康知识早学早健康，早学早受益。生活方式病其实没有什么可怕的，我们可以不得，可以少得，可以晚得，所以我们必须了解健康知识。

（2）观念是根本：就是我们要树立健康第一的观念，其实有很多人是死于“知之”而不是“治之”，明知道不良生活方式对人体带来的危害，但为了贪图享乐和金钱，追求权力而不顾自己的健康。

（3）培养科学的生活方式：现在很多人把烟酒当成朋友，大碗大碗地喝酒，大把大把地抽烟。殊不知，过量烟酒是人体内的两颗不定时“炸弹”。

所以对待生活方式病的态度应当是：

第一，积极采取健康的生活方式，从根本上预防其发生，这也是疾病的第一级预防。

第二，积极定期体检，以便早发现、早治疗，这是二级预防。

第三，如果得了这一类疾病，就应当接受医师的规范治疗，同时应当改变不良的生活方式，不断地接受医生指导，阻止疾病的发展，预防更为危害人体的并发症，这是三级预防。

我们已经知道，在影响一个人健康的诸多因素中，个人的生活方式、生活行为为主要因素。换一个角度来说，生活方式病的本质是人体新陈代谢失调，这种失调超过了千百年来形成的人类基因的调控能力，因此对它的预防，要采取综合措施。

一、合理膳食

饮食营养要均衡，注意低脂、低盐、低糖、高蛋白，不但要多吃谷物和粗粮，还要多吃新鲜水果和蔬菜，控制食量，少吃动物脂肪、动物内脏，避免肥胖。

坚持做到：

1. 第一 少吃一两口，多动十五分；粮食七八两，油脂减两成；蔬菜八两好，奶豆天天有；持之以恒做，健康体重得。

2. 第二 “红黄绿黑白”“一二三四五”。

（1）“红黄绿黑白”：红指红番茄、红辣椒；黄指胡萝卜、红薯、玉米、南瓜等红黄色的蔬菜；绿指绿叶蔬菜；黑指黑木耳；白指燕麦粉、燕麦片。

（2）“一二三四五”：一是一袋牛奶；二是250g碳水化合物；三是三份高蛋白，以鱼类蛋白质为最好，植物蛋白首选黄豆；四是四句话：有粗有细，不甜不咸，三四顿饭，七八分饱；五是500g蔬菜和水果。

二、戒烟限酒

吸烟有害健康，烟雾中的有害物质多达600多种，其中致癌物质有40多种。吸烟可以引起多种慢性疾病，如老年慢性支气管肺炎、肺气肿、肺源性心脏病、肺脑综合征等。饮酒会使人兴奋，有一定促进血液循环的作用，但过量饮酒伤肝、损脑，可引起酒精性脂肪肝、肝炎。

三、适当运动

各种简单的运动，如打球、慢跑、做操，其他如唱歌、画画、练字，只要长期坚持，都可以放松身心，强身健体，但要注意形式、时间、运动量、体重指数等。

四、心态平衡

时刻以平和的心态对待周围的人和事，己所不欲，勿施于人，凡事积极进取，相信办法总比困难多。做事光明磊落，心胸坦荡，时刻保持心理健康、情绪健康、道德健康，达到心态平衡，应做到三个快乐、三个正确、三个平衡：

三个快乐：助人为乐、知足常乐、自得其乐。

三个正确：正确对待自己、正确对待他人、正确对待社会。

三个平衡：奉献社会与品味人生；事业追求与平常生活；专业技能与业余爱好。

五、适量参加文娱活动

如唱歌、听音乐，可以愉悦身心，缓解心理张力，帮助人们放松。

六、寻找成功，树立自信

激烈的社会竞争使得人们容易遭受失败和挫折，如果学会从不同角度看待问题，注意寻找自己富于创造性的一面，提高自己的自信心，就会提高做事正确的概率，感受到成功的喜悦。

七、充足的睡眠

成年人每天保持 8 小时左右的睡眠至关重要，充足的睡眠可以帮助人们恢复体能、缓解疲劳、释放压力。现代人虽然不能坚持日出而作、日落而息，但应坚持午休、充分睡眠的原则。

八、及时进行身体检查

无论男女，45 岁以后应定期检查身体，了解自己的身体状况，发现异常可以及时治疗。做到适当的自我保健，规范的医学治疗。具体治疗方法：饮食治疗、加强锻炼、心理疏导、行为调整、合理用药。

九、预防、控制慢性生活方式病是一个综合的过程

预防、控制慢性生活方式病要防治结合，流程如图 3-1 所示。

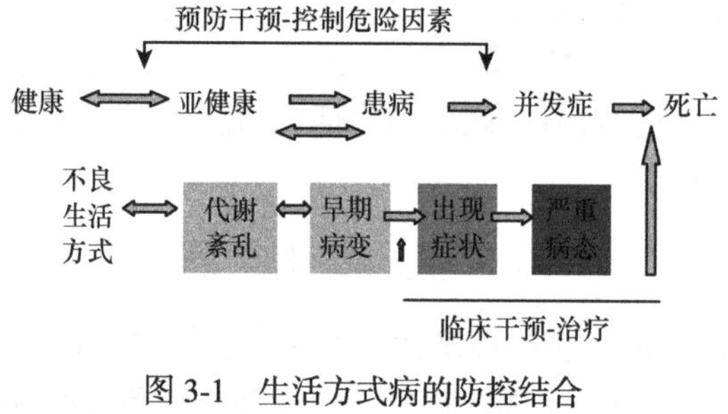

图 3-1 生活方式病的防控结合

十、健康生活方式的“六大基石”

健康生活方式是以促进健康和延长寿命为目标的生活方式，是一个复杂多维的行为模式，包括认知、情感或情绪、行为或活动等。其“六大基石”包括：①生活规律。②合理膳食。③戒烟限酒。④心理平衡。⑤适量运动。⑥保健治疗。

十一、全民健康生活方式倡议

1. 追求健康，把投资健康作为最大回报，将“我行动、我健康、我快乐”作为行动准则。

2. 改变不良生活习惯，不吸烟、不酗酒，公共场所不喧哗，保持公共秩序，礼貌谦让，塑造并保持良好的心理状态，自信乐观，喜怒有度，静心处事，诚信待人。

3. 合理搭配膳食结构，规律用餐，保持营养平衡，维持健康体重。

4. 加强运动，适度量力，不拘形式，贵在坚持。

5. 国家把每年 9 月 1 日作为全民健康生活方式日，以不断强化全民健康意识，长期保持健康的生活方式。

6. 营造绿色家园，创造整洁、宁静、美好、健康的生活环境。

7. 以科学的态度和精神，传播科学的健康知识，反对、抵制不科学和伪科学信息。

8. 树立积极健康、向上的公民形象。

聪明人投资健康
普通人忽视健康
糊涂人透支健康

第四章 营养与健康

人们在各种生活方式和生活习惯中生活着。这些习惯和方式，如用科学的眼光加以审视，有些符合科学道理，也有些违背了科学规律，是不良的生活方式，会使一些人踏入生活的误区，导致各种疾病的发生。

生活方式是人们长期逐渐形成的行为倾向，一种生活方式在日常生活中可以是“小事一件”，无足轻重，但长期下去，就可成为影响人健康长寿的“大事一宗”。

随着科学技术的发展，以及人们生活水平和健康意识的提高，人们的养生观念也有了很大的更新。人们清醒地认识到健康长寿是“藏”在日常生活方式和习惯之中的，也就是说生活方式决定一个人生命健康与否。

生活方式的固定化便是生活习惯，习惯比一般生活方式对人的健康长寿影响更深、更长久，所以有“好习惯是健康的银行，坏习惯是健康的监狱”之说。

每个人都应坚决摒弃不良的生活方式和生活习惯，建立良好的科学生活方式，这对人的健康长寿至关重要。

“民以食为天”，食物不仅是维持生命的物质基础，也是健康的物质保证。只有遵循营养学基本原理，合理营养、科学膳食才能有健康的体魄。近年来，随着营养学、生命科学、食品科学的飞速发展，随着有害健康的食物成分及饮食与疾病相互关系研究的不断深入，通过改善饮食结构发挥食物本身的生理调节功能、培养和建立健康的生活方式以提高健康水平已日益成为人们的共识。

第一节 营养与健康的关系

健康和长寿是人们的美好愿望，但每个个体要想永远健康和长寿也是不现实的。我们必须尊重科学，关注涉及健康的诸多因素，首要一点就是重视营养与健康的关系。

一、合理的营养可促进健康

关注你的健康，首先从关注饮食开始。科学的饮食，并不需要花很多的金钱，但需要正确的知识。多学一些营养保健知识，对人的一生会有巨大的帮助。“民以食为天，健以食为先”，食物是维持人体生命和保证健康的物质基础，合理的营养使人精力充沛、工作效率高、体格健壮，可增强人体免疫力和对疾病的抵抗力。良好的饮食习惯是最好的健康投资。

机体摄取、消化、吸收和利用食物中养料，以维持生命活动的整个过程称为营养。获取食物是人和动物的本能，而正确合理地获取和利用食物则是一门科学。饮食对人体健康有决定性影响，不仅影响机体各器官的功能状态，还可以影响人体的结构。例如，日本人现在的平均身高比半个世纪前增加了 15cm，专家认为主要是饮食结构改变造成的，增加了膳食蛋白和水产品的摄入。中国儿童肥胖、早熟趋势也与营养不均衡有关。

二、营养失调会危害健康

营养失调，即营养过剩或不足，会给机体健康带来不同程度的损害。饮食无度，营养过剩，可导致肥胖、糖尿病、胆石症、动脉粥样硬化、高血压和心血管病等，还可能成为肿瘤和其他疾病的诱因。

营养不足会造成体质虚弱，精神不振，易于疲劳，工作效率低，免疫力和对疾病的抵抗力降低，甚至会出现多种营养缺乏症，如消瘦、早衰、痴呆、贫血、坏血病、佝偻病、夜盲症、干眼症、皮肤病、痔疮等。

人体不同时期、不同工作性质有不同的营养需求，调整好各个时期的膳食平衡是健康长寿的关键。合理的膳食营养可以使儿童正常发育、聪明伶俐，可以使成人体格健壮、精力充沛，可以使老年人精神焕发、延年益寿，可以让疾病患者消除疾病、早日康复。

要善待身体，不要透支，不要虐待，要给予身体营养滋润和科学的调理，保证健康的体魄和旺盛的精力，以应对学习、工作和生活的压力。

第二节 维持生命过程的营养素

我们知道，不管制造什么东西都要用材料，做衣服用布，做机器用金属，做家具用木料等。构成人体的物质组成：水（55%～67%）、蛋白质（15%～18%）、脂类（10%～15%）、碳水化合物（1%～2%）、无机盐（5%～6%）等。

一、营 养 素

人类为维持生命活动必须从外界获取食物。食物中能维持人体正常生理功能，促进生长发育的物质，称为营养素。根据其化学物质和生理功能，人体所需要的营养素可分为蛋白质、碳水化合物、脂类、维生素、无机盐、水和膳食纤维七大类。各种营养素都具有各自独特的功能，但在人体中又相互关联。

二、新 陈 代 谢

生命体不断地与外界环境进行物质交换，如要不断地吃进食物和排泄废物，这些过程总称为物质代谢或新陈代谢。新陈代谢的定义在于，营养物质在体内经过一系列变化，一部分变成机体自身成分，使衰老组织更新；一部分物质分解产生能量供机体利用，同时代谢废物排出体外。

三、物质代谢过程的三个阶段

1. 消化吸收 食物的营养成分必须被消化分解成较简单的物质才能被吸收到体内。食物经过消化后，大分子物质如多糖、脂肪、蛋白质经过各种消化酶的水解作用，变成小分子物质如单糖、甘油、脂肪酸、氨基酸，才能被机体吸收利用。吸收是小分子物质通过消化道壁渗透入血液循环的过程。

2. 中间代谢 食物经消化后，小分子物质由血液和淋巴液运送到各组织参加代谢（中间代谢是非常复杂的化学变化和能量转化过程）。

3. 排泄 物质经中间代谢过程产生很多代谢产物，可经肺、肠、肝、肾等排出体外。例如，碳水化合物、脂类、蛋白质代谢终产物（CO_2、H_2O）和含氮有机物（如尿素、肌酐、有机胺类）随尿、粪便、呼吸等排出体外。

第五章 碳水化合物

在七大营养成分中，我们平时一日三餐吃得最多的，就是碳水化合物，又称糖类。通常我们吃的主食如馒头、米饭等粮食类食物的主要营养成分都是碳水化合物。碳水化合物是自然界中最丰富的有机物质，主要存在于植物中，占植物干重的50%～80%，储量丰富。植物叶绿素可利用太阳能通过光合作用把大气中CO_2和H_2O转变成糖。

可以认为，生成的碳水化合物把太阳的光能转变成化学能储存在化学键里，成为人类或动物生命活动的“燃料”。人类或动物摄取碳水化合物之后，在体内氧化时释放能量或转变成体内其他物质。

碳水化合物是人体能量的主要来源。1g葡萄糖在体内完全氧化成CO_2和H_2O，可释放出约17kJ的能量。通常人体所需能量的60%～70%是由碳水化合物供给的。

第一节 碳水化合物的分类和性质

碳水化合物广泛存在于生物界，所有生物体都含有碳水化合物。植物所含有的碳水化合物最多，如植物细胞壁的纤维素、粮食中的淀粉、水果中的果糖等；动物的血液中含有葡萄糖，肝脏和肌肉中含有糖原；微生物中的碳水化合物占菌体干重的10%～30%，如细菌细胞壁的肽聚糖。

碳水化合物是地球上数量最多的一类有机化合物。地球生物量干重的50%以上是由葡萄糖的聚合物构成的。地球上碳水化合物的根本来源是绿色植物进行的光合作用。

一、概念及分类

1. 概念 碳水化合物，指各种具有碳和水结构的化合物，它是人类最廉价的能量来源，也是人类生存的最基本物质和最重要的食物能源，是由碳、氢、氧三种元素组成的一大类化合物。

2. 分类 根据单糖的聚合度，碳水化合物可以分为三类：单糖、寡糖和多糖。单糖（葡萄糖、果糖）是不能再继续水解的简单糖，寡糖（低聚糖——蔗糖、乳糖）是单糖聚合度≤10的复合糖，多糖（高聚糖——淀粉、糊精、糖原、纤维素）是单糖聚合物>10的复合糖。

根据人体的利用情况又可分为：

有效碳水化合物——人体能消化利用的单糖、寡糖、多糖中的淀粉。

无效碳水化合物——多糖中的纤维素、半纤维素、果胶等不能被人体消化利用的物质。这些无效碳水化合物能促进肠道蠕动，改善消化系统功能，对维持人体健康有重要作用，是人们膳食中不可缺少的成分。

膳食纤维——指人们的消化系统或者消化系统中的酶不能消化、分解、吸收的物质，但是消化系统中的微生物能分解利用其中一部分。

二、单　　糖

在生命和营养过程中比较重要的单糖是戊糖和己糖。戊糖为五碳糖，如在机体生理代谢中起主要作用的核糖；己糖为六碳糖，具有重要意义的己糖有葡萄糖、半乳糖和果糖。半乳糖和果糖在体内都能转化为葡萄糖，葡萄糖是机体吸收利用最直接的单糖。

葡萄糖是生命活动可以直接利用的主要能源。食物中碳水化合物经消化系统水解变成葡萄糖后才能吸收入血。血液中葡萄糖又称为血糖。由血液循环把葡萄糖输送到各组织器官进行代谢产能，有些器官组织完全依赖葡萄糖供能，如大脑、肺组织、红细胞等。

三、寡　　糖

一分子寡糖可在体内水解成两分子单糖，主要的寡糖有三种：蔗糖、麦芽糖和乳糖。

1. 蔗糖（葡萄糖+果糖）　我们通常食用的白糖、红糖都是蔗糖。其可由人体肠道中蔗糖酶水解成单糖后被利用。水解成单糖后，才能直接参与人体的生化反应，产生能量。

2. 麦芽糖（葡萄糖+葡萄糖）　在各类种子发出的芽中含量较多，尤以麦芽含量最多，因而得名。实际上，麦芽糖是由淀粉酶水解淀粉而得。人的唾液淀粉酶可以水解淀粉成麦芽糖。所以慢慢咀嚼馒头时就会有甜味，我们平时吃的饴糖主要是麦芽糖。

3. 乳糖（半乳糖+葡萄糖）　主要存在于动物的乳汁中，其甜味是蔗糖的 1/6。人乳中乳糖含量为 7%，牛乳中乳糖含量略低，为 5%。

乳糖可以在小肠乳糖酶的作用下水解成葡萄糖和半乳糖，被人体吸收利用。如果体内乳糖酶缺乏，在摄入牛奶或奶制品后，乳糖不能消化而滞留在肠腔内，使肠道内容物渗透压增高、体积增加、肠排空加快，使乳糖很快排到大肠并在大肠吸收水分，引起渗透性腹泻。另外，乳糖受细菌的作用发酵产气，可出现腹胀、肠鸣、腹痛等症状。这是婴幼儿和不习惯饮奶者肠胃功能失调的重要原因，称为乳糖不耐受症。

四、多　　糖

多糖是由许多单糖分子脱水缩合而成的。多糖是高分子化合物。高分子一般指分子量高达几千到几百万的分子。主要的多糖是葡聚糖，即多葡萄糖脱水缩合而成的多糖。

1. 淀粉　是人类食物中最主要的碳水化合物，是构成膳食的基础，如谷物、土豆、红薯、豆类（红豆、绿豆、豇豆等）和一些蔬菜中含有大量淀粉。淀粉可水解成小分子多糖，最后水解成葡萄糖，被人体利用。

淀粉多糖：根据结构和特点又有直链淀粉、支链淀粉、改性淀粉、抗性淀粉之分。所谓改性淀粉就是利用化学、物理甚至基因工程的方法改变天然淀粉的理化性质，用以满足食品加工需要，具有一定功能特性的一类淀粉。抗性淀粉即天然存在的，在健康人小肠中不被消化、吸收的淀粉。

非淀粉多糖：除淀粉以外的多糖，包含纤维素、半纤维素、果胶等。

2. 糊精　是淀粉水解的中间产物。发面制品（酵母作用下）可使部分淀粉水解成小分子多糖（糊精），改变面食的味道。淀粉在消化道进行消化分解，最终变为葡萄糖供人体吸收利用。

一种非常好的婴幼儿食品是糊精+麦芽糖+牛奶，这种食品既易消化，又味道好，还能防止牛奶在胃中形成难消化的乳块（奶遇胃酸而凝聚）。

3. 糖原 是人和动物体内葡萄糖的储存形式，主要在肝脏和肌肉中储存，分别称为肝糖原和肌糖原。糖原被称为动物淀粉，因为结构类似支链淀粉。

糖原在维持人体血糖平衡方面起着十分重要的作用。体内糖原合成和分解与体内血糖浓度密切相关。血糖对体内糖原合成与分解起着重要的调节作用。当饭后血糖浓度升高时，胰岛素分泌增加，体内糖原合成加速。饥饿时肝糖原迅速分解，补充血糖，因此正常人血糖浓度保持在恒定水平。

青年学生脑组织活动旺盛，消耗能量很大，而脑中没有糖原储备，需要不断从血液中摄取葡萄糖来维持能量的需要。所以早餐一定要吃以保证血糖的供应，否则易发生低血糖，严重时会造成低血糖休克。根据中国营养学会推荐，人体每天摄取的碳水化合物不能低于 100g。

4. 纤维素 是自然界中分布最广泛的多糖，主要存在于植物中。由于纤维素成链方式与淀粉和糖原不同，所以纤维素较淀粉水解困难，必须在高温高压下才能被酸水解成葡萄糖。

人体中的消化酶不能使纤维素水解成葡萄糖。所以人不能消化纤维素。食物中的纤维素经消化道后变成残渣随粪便排出体外。食草动物的肠道寄生菌可以分泌纤维素酶。因此，食草动物可将草中的纤维素分解成葡萄糖后供机体利用。

因为人体不能消化纤维素，曾有一段时间纤维素被认为是食物中的粗糙部分，而对其产生误解，使人们忽略了纤维素在人体中的作用。近年来，被人们误解的纤维素又引起了科学界和营养学界的重视，原因是观察到食物纤维对治疗某些疾病的临床效果及对胃肠健康具有不可忽视的重要作用。

（1）食物纤维可促进结肠功能，预防结肠癌：有一种病为“结肠综合征”，患者表现为消化不良、腹胀痛、恶心、胃灼热、排气多、大便次数多且排不净。曾有医生建议，多吃精细食物，减少粗纤维对结肠的刺激，但患者偏偏久治不愈。后来发现，正是这种少渣食品造成胃肠蠕动不利而致病。采用高纤维食品可使病情缓解。

结肠癌是由于某些毒素（如亚硝胺、霉菌毒素、环芳烃等）、刺激物在结肠停留时间过长，造成肠壁慢性损伤而引起的。而食物纤维可以促进肠蠕动，使毒素在肠内停留时间缩短，减少肠壁的吸收机会。另外，纤维成分可使粪便量增大，起到稀释毒素的作用。国际癌症研究机构调查发现，以肉食（纤维少）为主食的地区，结肠癌发病率要高于以高纤维食物和奶制品为主食的地区。

（2）防治糖尿病：实验证明，食用粗制品（纤维素）在咀嚼过程中通过神经中枢刺激胰岛素的分泌，可起到降低血糖的作用。

（3）降低血浆胆固醇：血液中胆固醇含量过高，会使胆固醇沉积在动脉血管内壁上，引起心脏病和高血压，这种情况就是动脉粥样硬化症（沉积物使血管壁堵塞）。若沉积在胆囊壁上，会造成胆石症。

食物纤维可在消化道吸附胆汁酸，使胆汁酸随大便排出体外、体内胆汁酸减少，促使肝脏由胆固醇合成胆汁酸，故可减少体内胆固醇，预防心血管病和高血压。

（4）预防肥胖：纤维素体积大，无直接营养，可产生饱腹感。食后发出已经饱了的信号，从而抑制再吃更多食物的欲望。多食高纤维的食品（水果、蔬菜），可防止营养过剩所造成的肥胖。

（5）治疗便秘，预防痔疮：纤维素有净化肠道、促进肠蠕动的作用，食物纤维的来源，除蔬菜、水果外，主要是粗粮。粮食加工越粗，食物纤维总量越多。所以在保证营养的前提下，适当增加食物纤维的摄入量对人体是有利的。

食物纤维在人体中具有如此重要的调节功能，因此，中国营养学会将其列为第七类营养素。

第二节 碳水化合物的消化、吸收和代谢

营养素的消化、吸收是在消化系统完成。消化是指食物的大分子变成小分子的过程，如淀粉变成葡萄糖。吸收是指经消化的食物分解成小分子后，由肠道吸收入各组织细胞的过程（图 5-1）。

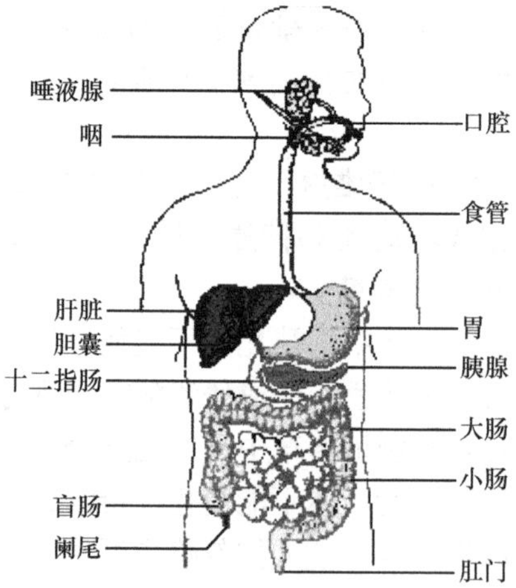

图 5-1 消化过程

一、消化与吸收

碳水化合物的消化过程，在口腔中就开始了，通过消化道各种淀粉酶（唾液、胰、小肠）把大分子多糖变成小分子寡糖和双糖，最终变成葡萄糖被小肠吸收入血液，然后送到各组织器官进一步代谢。

二、代 谢

葡萄糖在组织中代谢的过程非常复杂，主要是通过合成代谢变成糖原储备，通过分解代谢产生能量，分解代谢主要有有氧氧化和糖酵解过程，有氧氧化即葡萄糖在有氧的情况下彻底氧化成二氧化碳和水，糖酵解即葡萄糖在缺氧的情况下分解成乳酸。糖酵解过程是机体缺氧时补充能量的一种有效方式。例如，激烈运动时急需大量能量，此时糖的有氧氧化加快，需要消耗大量氧，机体通过加快呼吸和血液循环供氧，但氧仍然不够满足需要。这时肌肉处于相对缺氧状态，只能加强无氧酵解以供能量急需，所以有肌肉酸痛感（为乳酸产生的结果）。剧烈运动后积聚在肌肉中的乳酸可由血液循环至肝转变为葡萄糖（乳酸循环）。在病理情况下，如呼吸和循环功能发生障碍（失血、休克、肺源性心脏病、心功能不全等），因为供氧不足，糖酵解加强，严重者由于呼吸衰竭组织缺氧，导致糖酵解过度、乳酸堆积而造成代谢性酸中毒，成为致死原因之一。

总之，体内血液葡萄糖浓度保持恒定是维持机体正常生理功能的基本保证。血糖来源和去路保持着动态的平衡。

第三节 碳水化合物的主要功能

在人们审美观念不断更新的现在，无论男女老幼，经常谈论的一个话题就是减肥。但是人们却通常忽略了碳水化合物的重要功能，缺少或没有碳水化合物，就会生病，

甚至死亡。

一、供给能量

碳水化合物占人体体重的2%。人体每日膳食中热能供给量的60%～70%来自碳水化合物。每克碳水化合物可氧化产能16.7kJ。碳水化合物提供的能量几乎为所有的组织所利用，特别对于骨骼肌、心肌和大脑组织更为重要。碳水化合物在供能时有许多优点，较脂肪和蛋白质易消化吸收，且产能快、耗氧少，氧化终产物为水和二氧化碳，无毒无害。而且在缺氧条件下仍能进行酵解供给部分能量，这有利于高强度的运动和某些缺氧的病理状态下产能。

二、构成细胞的组成成分

碳水化合物存在于一切细胞中，含量为2%～10%。如构成细胞膜的糖蛋白，构成神经组织和细胞膜的糖脂，构成结缔组织（广泛存在于器官组织之间，起联络固定作用，如韧带、软骨、肌腱、眼球膜等）的糖蛋白，此外核糖还可构成核糖核酸（RNA）和脱氧核糖核酸（DNA）。

三、节省蛋白质的作用

碳水化合物有利于机体蛋白质的节省，体内碳水化合物充足时，可以避免动用蛋白质作为能源，从而保证蛋白质用于修补机体组织的需要。膳食蛋白以氨基酸的形式被吸收，并在体内合成组织蛋白或其他代谢物，这个过程需要能量，若摄入蛋白质并同时摄入碳水化合物，可增加ATP的形成，有利于氨基酸的活化及合成机体蛋白质。

四、抗生酮作用

酮体是人体以脂肪做能源时形成的必然产物，对机体有一定的毒性。机体在正常情况下的酮体很少，且可以被迅速处理掉。在某些特殊情况或病理状态下（饥饿或疾病时），造成体内缺糖，脂肪就会分解代谢产能，同时会产生大量酮体（丙酮、β-羟丁酸和乙酰乙酸），若机体无能力处理，酮体会在体内堆积，达到一定浓度时就会发生酮症酸中毒。

五、解毒保肝作用

肝糖原储备较充足时，可产生葡萄糖醛酸，此物质对某些化学毒物（如四氯化碳、乙醇、砷等）及各种致病微生物感染引起的毒血症有较强的解毒能力。因此，保证糖的供给，就可以保证肝脏中充足的糖原，以保持肝脏正常的解毒功能，使肝脏和其他组织器官免受有害因素的侵害。

六、对中枢神经的作用

体内糖含量充足而且稳定是中枢神经正常工作的必要条件。大脑没有糖原储备，所以能量来源主要依靠血液中的葡萄糖。经常性低血糖可造成大脑不可逆损害，影响思维能力和神经系统的功能。

七、提供膳食纤维

膳食纤维也是多糖，虽然不能变成可供吸收的葡萄糖。但它可促进胃肠道蠕动，吸收肠道中的胆汁酸并使之随粪便排出。胆汁酸是合成胆固醇的原料，所以胆汁酸的排出有利于降低血液胆固醇浓度、减少胆固醇在血管壁的沉积，有利于防止动脉硬化。另外，膳食纤维可使糖尿病患者的血糖含量降低，有利于改善症状。

第四节 碳水化合物的来源及供给量

碳水化合物在自然界分布很广，人类所需的碳水化合物主要由植物性食品如米面、薯类、蔬菜、水果等供给。单糖与双糖除部分来自天然食物外，大部分以食糖的形式（如葡萄糖与蔗糖）直接摄取。食糖因为更容易消化吸收，所以被称为精制糖，动物性食品中糖的含量很少。

碳水化合物的供给量没有严格的规定，一般认为应占食物总量的 60%～70%，也可以根据饮食习惯和生活水平，在保证能量平衡的前提下做适当调整。每人每天最少需要摄入可消化的碳水化合物 50～100g。否则会引起脂肪和组织蛋白分解过多，造成对健康的影响。

一、食物来源

一般说来，对碳水化合物没有特定的饮食要求，主要是应从碳水化合物中获得合理比例的热量摄入。另外，每天应摄入 50～100g 可消化的碳水化合物，以预防碳水化合物缺乏症。

碳水化合物的主要食物来源：糖、谷物（如水稻、小麦、玉米、大麦、燕麦、高粱等）、水果（如甘蔗、甜瓜、西瓜、香蕉、葡萄等）、干果类、干豆类、根茎蔬菜类（如胡萝卜、番薯等）等。

二、获得方式

营养专家普遍认为，人们每天摄入的 60%～70%的热量应来自碳水化合物。由于碳水化合物的不同，更多的证据表明应慎重选择饮食。

对于简单碳水化合物，饮用牛奶和果汁、食用适量的水果是十分重要的。但食用糖和其他甜味剂会提供大量体内不需要的热量，对健康有害。

对于复杂碳水化合物，应避免仅仅食用低纤维碳水化合物、淀粉（如土豆）和精加工的谷物（如白米饭、通心粉和白面包）。这些食品中的碳水化合物会被身体迅速转化为单糖。

相反，应尽量多食用含大量纤维的碳水化合物，特别是豆类和全麦类食品，其对人体健康有益。按照专家推荐的水果和蔬菜的食用量，可合理摄入碳水化合物。

摄取含更多碳水化合物食品的简单方法：食用风干的水果、食用包含豆类且丰盛的汤、改吃全麦面包、食用黄色稻米而非白米（或在白米中混入野生稻米）。

三、摄取过量

膳食中碳水化合物的主要来源是植物性食物，如谷类、薯类、根茎类蔬菜和豆类，另外是食用糖。碳水化合物只有经过消化分解成葡萄糖、果糖和半乳糖才能被吸收，而果糖和半乳糖又经肝脏转换成葡萄糖。血中的葡萄糖简称为血糖，少部分血糖直接被组织细胞利用，与氧气反应生成二氧化碳和水，释放热量供身体需要，大部分血糖则存在于人体细胞中，如果细胞中储存的葡萄糖已饱和，多余的葡萄糖就会以高能的脂肪形式储存起来，多吃碳水化合物发胖就是这个道理。

1. 多吃的危害　有研究显示，某些含丰富碳水化合物的食物会使人体血糖和胰岛素急增，从而引起肥胖甚至导致糖尿病和心脏病，原因是这些碳水化合物食物的血糖负载很高。医学界的 5 个临床试验表明，低碳水化合物饮食和低脂饮食一样能有效促进快速减肥，并能预防糖尿病和心脏病等疾病。

一位名为威廉·邦庭的肥胖英国男子用低碳水化合物的饮食方法成功减肥。随后，他写的一本题为《给肥胖人士的信》的书，在公众中掀起热潮，但却遭到了医学界的嘲笑。一个多世纪以后，邦庭的理论终于幸运地被证明是科学和有效的。心脏病专家罗伯特·阿特金斯博士证明碳水化合物含量高的食物会刺激胃口、增大食欲、使人发胖，而且还会诱发 2 型糖尿病。阿特金斯博士的实验还证明低碳水化合物饮食可以在短时间内促进体重减少。如今，许多人都热衷于采用“阿特金斯饮食法”。

阿特金斯提出，面包、马铃薯和面食对人类健康无益的理论，被当时的营养学家斥为谬论。以前的医学营养界只认为脂肪是破坏人类健康的罪魁祸首，然而越来越多的专家认为阿特金斯的理论是有一定科学道理的，摄取过量碳水化合物的确对人体健康有害。

2. 选择健康的碳水化合物食物　既然有一部分碳水化合物食物能引起肥胖和疾病，那么要避免这种问题的发生，就应该选择健康的碳水化合物食品，也就是血糖负载低的碳水化合物。

当膳食中碳水化合物过多时，就会转化成脂肪储存于身体内，使人过于肥胖而导致各类疾病如高血脂、糖尿病等。

四、缺乏表现

1. 膳食中碳水化合物过少，可造成膳食蛋白质浪费、组织蛋白质和脂肪分解增强及阳离子的丢失等。

2. 膳食中缺乏碳水化合物将导致全身无力，疲乏、血糖含量降低，产生头晕、心悸、脑功能障碍等。严重者会导致低血糖昏迷。

五、内容评价

什么是碳水化合物？可能很多人都知道，但是它在你身体里究竟起到什么样的作用，每单位的碳水化合物能产生多少热量？高纤维和低纤维的碳水化合物有什么不同？这些问题怕不是一般知识可以解决的了，Clark Hatch 健身中心的营养专家从健身的角度给了碳水化合物一个全面的介绍。碳水化合物在你的饮食中起什么作用？像大多数人一样，如果你尽量每天只食用少量的脂肪，这就意味着你要食用更多的其他物质来代替它们，而这些物质很可能就是碳水化合物。

那么它们是哪一种碳水化合物呢?是百吉饼、意大利通心粉、甜点，或者可能只是全麦食品及更多的新鲜水果和蔬菜。你选择食用何种碳水化合物是十分重要的，因为碳水化合物（特别是来自全麦食品中的）会对健康饮食及对疾病的防范起重要作用。

碳水化合物是体内器官工作所需的“燃料”，如大脑，主要将它作为能量的来源。大多数的碳水化合物来自植物，谷物、蔬菜、水果和豆类（如豌豆和蚕豆）是其主要来源。奶制品是唯一源自动物的含有大量碳水化合物的食品。

碳水化合物有三种类型：糖、淀粉和纤维素。糖和淀粉中的碳水化合物每克产生 4kcal

（1kcal=4.184kJ）的热量。纤维素并不产生热量，因为它不能被吸收，但它却可以帮助处于消化系统中的食物顺畅地移动及减慢对其热量的吸收。

对比一下，每克脂肪产生 9kcal 的热量。所有的碳水化合物都是以糖为单位的，根据其含量和它们之间连接复杂程度来决定碳水化合物的分类如下：

简单的（如糖）：它们是由单糖或双糖单元组成的。牛奶、水果和一些蔬菜中都含有简单糖，然而人们摄取简单糖的主要来源是添加糖和加工食品。

复杂的（如淀粉和纤维素）：它们是由糖单元链条结合构成的。与简单糖相比，人体要用更多步骤才能分解淀粉。而纤维素则更加复杂，以致人体根本不能吸收。谷物类或由谷物类加工而成的食品中含有复杂碳水化合物，如面包、谷物和意大利通心粉。土豆和一些谷物如玉米中都含有大量的淀粉。

六、关于高纤维

某些复杂碳水化合物在我们饮食中所起的重要作用值得我们注意，尤其是那些含有高纤维和营养丰富的谷物、蔬菜和豆类。为什么呢？因为高纤维碳水化合物消化得比较慢，结果使体内血糖水平不会升高得太快。相比之下，低纤维碳水化合物消化得比较快，所以体内血糖水平会迅速升高。血糖量的迅速升高导致体内产生更多的胰岛素，它可帮助调节体内血糖水平。长此以往，会导致健康问题。

七、碳水化合物的计算

食品营养标签中的碳水化合物是指每克产生能量为 17kJ/g（4kcal/g）的部分，数值可由减法或加法获得。

减法：食品总质量分别减去蛋白质、脂肪、水分、灰分和膳食纤维的质量，即为碳水化合物的质量。

加法：淀粉和糖的总和即为碳水化合物。

总碳水化合物指碳水化合物和膳食纤维的总和。

第六章 脂　　类

脂类是人体需要的重要营养素之一，供给机体所需的能量，提供机体所需的必需脂肪酸，是人体细胞组织的组成成分。人体每天需要摄取一定量的脂类物质，但摄入过多可导致高脂血症、动脉粥样硬化等疾病的发生和发展。

按脂类的化学组成和其对机体的营养作用，可将其分为脂肪和类脂两类（图 6-1）。我们通常吃的油脂如豆油、花生油、菜籽油、香油、猪油、牛油等属于脂肪。类脂的性质类似于脂肪，在营养学上比较重要的类脂是磷脂和胆固醇。

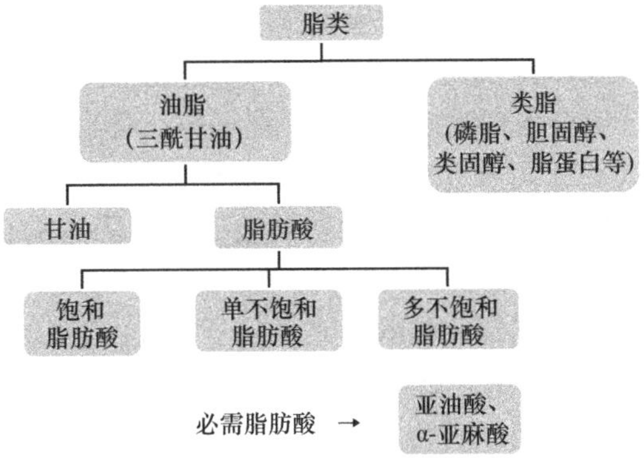

图 6-1　脂类的组成

第一节　脂　　肪

脂肪包括油和脂。

油和脂都是不溶于水而溶于有机溶剂的一类化合物。食物中的脂肪与人体内的脂肪一样，都是由碳、氢、氧三种元素组成。一提起脂肪，不少人就“谈脂色变”，爱美的女士们更是视脂肪为洪水猛兽。其实，脂肪不仅是人体的重要组成部分，也是人体必需的营养素。脂肪是产能最高的营养素，是构成人体组织的成分，是热的不良导体，皮下脂肪能防寒减震，防止体热散失，有助于维持体温的恒定，固定并保护体内的重要脏器。食物中的脂肪还是脂溶性维生素的良好溶剂，可以促进它们的吸收利用。另外，食物中的脂肪能够提高食物的外观性状，用适量油烹调食物可以增加食物的色、香、味，进而刺激食欲。肥胖者大多体内富含脂肪，但是并不仅仅只有食用脂肪才会导致肥胖，食物中的脂肪也不是人体内脂肪的唯一来源。引起肥胖的饮食方面的原因主要是食物中的总热量过多，包括来自脂肪的热量，也包括来自碳水化合物和蛋白质的热量。食物总热量超过需要，才导致肥胖。因此，不必为了减肥就放弃脂肪摄入，那样会导致营养不良。

脂肪是由一分子甘油和三分子脂肪酸脱水缩合而成。

一、脂肪的性质

从结构式中可知，饱和脂肪酸烃链没有双键，不饱和脂肪酸烃链有双键。脂肪的来源有动物和植物，一般动物脂肪熔点较高，常温为固体，称脂。植物脂肪熔点较低，常温为液体，称油。

油脂中，脂肪酸的链越短，双键越多，熔点就越低。因此，动物脂肪中含饱和脂肪酸多，而植物脂肪中含不饱和脂肪酸多。另外，脂肪的消化也与其熔点有密切关系。熔点越低，脂肪酸消化率越高。因此，植物脂肪的消化率要高于动物脂肪。

二、必需脂肪酸

不饱和脂肪酸中有三种人体自身不能合成，必须来自食物，因此称为必需脂肪酸，分别是亚油酸、亚麻酸、花生四烯酸。

必需脂肪酸的生理作用：

1. 增加毛细血管壁和皮肤的强度，增加通透性，防止皮肤及黏膜受损，必需脂肪酸缺乏时会出现鳞屑样皮炎、湿疹等。必需脂肪酸还对X线引起的皮肤损害有恢复作用。

2. 可与胆固醇结合形成胆固醇酯，还可生成磷脂，因此可有效降低血液中游离胆固醇的量。如果必需脂肪酸缺乏，胆固醇的转化受阻就易在血管壁上沉积，造成血管硬化和堵塞。

3. 必需脂肪酸为人类精子形成、妊娠、泌乳等生理过程所必需，如果膳食中长期缺乏必需脂肪酸，就会造成不孕症、泌乳困难等。

4. 可以转化为体内许多主要生理活性物质。例如，前列腺素对人体生理功能起着重要调节作用，扩张血管、降低血液黏稠度、促进肠蠕动等。

必需脂肪酸最好的来源是植物油，尤其是棉籽油、豆油、玉米油、芝麻油等。这三种必需脂肪酸一般正常进食时都不会缺乏。婴儿缺乏症状主要是皮肤湿疹和皮肤炎症，可用亚麻油治疗。久病靠静脉营养时，导致皮肤病的原因之一也是缺乏必需脂肪酸。

脂肪中必需脂肪酸的含量越高，营养价值就越高。一般植物油中的必需脂肪酸高于动物脂肪，所以其营养价值也高于动物脂肪。

三、脂肪的供给量与食物来源

人类膳食脂肪主要来源于动物的脂肪组织、肉类及植物的种子。动物脂肪含饱和脂肪酸和单不饱和脂肪酸多，含多不饱和脂肪酸少。植物油主要含不饱和脂肪酸，必需脂肪酸在植物油和鱼、贝类中含量多。

膳食脂肪的供给量各国皆以膳食总热量的比例为标准。WHO提出脂肪摄入不宜超过30%。我国推荐的供给量规定成人每日脂肪摄入量应占总热量的20%～25%，在寒冷条件下可增加摄入量，在炎热条件下脂肪供给量应适当减少。重体力劳动和少年儿童适当增加。

脂肪的供给量不仅要考虑到量，还要考虑到质，即不饱和脂肪酸应多些，饱和脂肪酸应少些。但是不饱和脂肪酸的摄入量也不是越多越好，一般认为饮食中不饱和脂肪酸与饱和脂肪酸之比（P/S）为（1.25～1.50）：1。这需要在膳食中多用植物油，少用动物油，适当调整P/S。一般膳食含植物油的比例应占总脂肪的2/3。随着年龄的增大，动物油的摄入量应逐步减少，因为动物脂肪中饱和脂肪酸和胆固醇是诱发冠心病的因素之一。

近年来，随着我国人民生活水平的提高，人们脂肪的摄入量也随之升高。在某些地区或家庭中摄入脂肪量已达到或超过 WHO 建议的 30%的界限，脂肪在一天中总热量的比例过高、产生过剩，会造成肥胖，还会增加患某些疾病如高脂血症、动脉粥样硬化、冠心病、糖尿病等的危险性。

根据流行病学调查资料显示，膳食脂肪摄入量与冠心病的发病率呈明显正相关，高脂膳食会逐步使脂肪在肝中积存而形成脂肪肝。

四、脂肪的功能

正常人脂肪占体重 10%～20%。人体脂肪组织主要位于皮下和环绕脏器，是体内过剩能量的一种储存方式，因营养状况和机体活动等的影响而增减，称为可变脂。

脂肪在人体中氧化所能产生的能量是葡萄糖和蛋白质的 2 倍。1g 脂肪在体内氧化可产生 37.6kJ 的能量，所以寒冷地区以脂肪食物为主。体脂可称为绝热体，可减少热量通过皮肤散失，保持体温、抵抗寒冷，所以胖人比瘦人耐冷而不耐热。

另外，体内脂肪环绕脏器，像软垫一样固定脏器。缓冲机械冲击，保护内脏，瘦人易患胃下垂、肾下垂等疾病，与脏器内脂肪少有一定关系。

体内储存的脂肪像一个浓缩的能量储备库，当人体需要的时候可被动员出来（与糖原类似）。但是如果储存过多就会发胖，加重心脏负担，引起心脏损伤。而储存过少就会消瘦，使机体抗病能力降低，一旦生病，因体内可用于消耗的脂肪少，所以不如胖人能抗病。

脂肪的功能具体如下：

1. 供给能量，是人体的主要能量来源和能量储备。动物冬眠靠体脂维持生命。
2. 增加饱腹感，使胃的排空速度减慢。
3. 供给人体必需脂肪酸。
4. 促进脂溶性维生素的吸收。
5. 维持体温，保护脏器。
6. 改善膳食的感观性状，增进食物的色、香、味，促进食欲。

第二节 类 脂

类脂是类似油脂的物质，但与其化学结构没有必然的联系，在细胞的生命功能上起主要作用。类脂在体内相当稳定，约占总脂量的 5%，因不受营养状况和机体活动的影响而增减，所以称固定脂。类脂主要有磷脂、糖脂、固醇和脂蛋白等。本节我们重点介绍磷脂和胆固醇。

一、磷 脂

磷脂为含磷酸的复合脂，广泛分布于脑、神经组织及动物、植物的种子和果实中，特别是分布于动物的脑、骨髓、神经组织及心脏、肝脏、肾脏等器官内。根据所含醇的不同，可分为甘油磷脂和鞘磷脂。磷脂存在于绝大多数细胞膜中，是细胞膜特有的主要组分。磷脂又称磷酸甘油酯，主要是卵磷脂和脑磷脂。

卵磷脂又称卵黄素，因在蛋黄中含量多而得名，大豆、玉米、葵花籽中含量也较多。脑磷脂分子中含有甘油、脂肪酸、磷酸和脂胺。与卵磷脂的区别：卵磷脂是胆碱，脑磷脂是胆胺。

1. 作用及功能 磷脂具有乳化剂的分子特性，可与油水互溶。把油滴分散在水中可形成乳状液。

（1）构成细胞膜：磷脂分子的极性头和非极性尾双层定向排列（像夹心面包），以适应生物体内的油水环境。

（2）脂类物质的运输：磷脂血浆蛋白（脂类运输形成）的成分。多食用含磷脂的食物，可增加脂类物质在血液中的流动性，防止血液黏滞、脂类堆积所造成的血管疾病。

（3）防治脂肪肝：脂肪肝是肝中脂肪过多所致，脂肪在肝细胞中堆积占据一定的空间，影响了肝细胞的功能。长时间的脂类物质堆积造成结缔组织增生而形成肝硬化。要防止脂肪肝的形成，一方面要减少脂肪摄入量，另一方面要增加磷脂的摄入。这样可以增加脂蛋白的量，有利于把肝中脂肪运走。卵磷脂是合成脂蛋白的主要原料，多吃富含卵磷脂的食品可以防治脂肪肝。

当然，如果肝功能不好，肝脏合成和释放脂蛋白的能力下降。如果摄入油脂过多，易使肝中脂肪堆积而加快肝硬化。所以肝病患者，一方面要积极治疗原发病，另一方面应适当限制膳食中的脂肪摄入量。一般肝脏病患者的饮食应高糖，促进糖原合成，保护肝脏；适量蛋白质，这样既能增加血浆蛋白，还不会因蛋白质过量造成氨的毒害。

低脂肪：防止脂肪性肝硬化。肝功能不好者应适当多食精制糖、鸡蛋、瘦肉、鱼、蔬菜、水果等。

2. 食物来源 磷脂存在于所有动、植物的细胞内。在植物中则主要分布在种子、坚果及谷物中。鸡蛋黄和大豆中含有丰富的磷脂。其他植物如玉米、棉籽、菜籽、花生、葵花籽中也含有一定量磷脂。

二、胆 固 醇

胆固醇是人类生命活动中不可缺少的主要物质。人体内胆固醇含量为 2g/kg 体重。健康人体内约含 140g。胆固醇在体内有着广泛的生理学作用。当其过量时会导致高胆固醇血症，对机体产生不利的影响。

1. 来源 胆固醇一部分来自食物，一部分由自身合成。食物主要来自动物脑、内脏、卵黄、奶油及肉类。其余部分主要由肝脏合成。除肝以外，小肠等其他组织也会合成少量胆固醇。

2. 功与过

（1）胆固醇是生物膜的主要成分：生物膜是生命过程中的主要组成部分。胆固醇主要以分子的形式存在其中，在细胞质膜中胆固醇含量较高，内质网和其他细胞器中较少。胆固醇是两性分子，疏水的一端对控制生物膜的流动性具有主要作用，还可阻止生物膜中膜磷脂在低温时变成结晶状态，从而保证低温状态时生物膜的流动性和正常功能。

（2）胆固醇又是合成胆汁酸、类固醇激素及维生素 D 等生理活性物质的原料：胆固醇在肝脏内转化为胆汁酸并随胆汁排入消化道，参与脂类物质的消化吸收。肾上腺皮质激素、雄激素和雌激素均是体内重要的激素，它们均以胆固醇为原料在相应的内分泌腺中合成。皮肤中的 7-脱氢胆固醇在日光紫外线照射下，可转变为维生素 D_3，后者在肝或肾转化后生成活性的维生素 D，参与体内的钙磷代谢，从而保证骨骼的正常生长发育和骨代谢平衡。

（3）胆固醇是血栓和结石的主要成分：血中的胆固醇过高会沉积在血管壁上，造成动脉粥样硬化，严重的产生血栓，导致脑梗死或心肌梗死，另外还可形成结石。

3. 胆固醇的需要量 既然胆固醇具备维持生命和导致疾病的双重性，我们就应学会如何将血浆胆固醇含量控制在适当的范围内，这样既保证生命活动所必需的胆固醇，又不使它过量而导致对人体有害。

一般情况下，正常人每天膳食中的胆固醇有300～500mg，主要来自动物内脏、蛋黄、奶油及肉类等食品。有资料表明，低胆固醇人群的胆固醇摄入量为每天200mg左右，胆固醇水平过低，会影响正常生理功能，因此，胆固醇每日摄入量不得低于每日300mg。具体到每日需食用多少相关食品才能满足胆固醇的需要量，可参考食品营养价值和饮食调整方法。

在决定每日的胆固醇摄入量时，还应考虑到年龄、性别等因素。一般情况下，儿童生长发育所需要的胆固醇比成人要多，青壮年所需胆固醇比老年人要多。对于健康男性青年，每天食物中胆固醇增加100mg，可使血浆胆固醇水平增加1.47mg/100ml，而健康女性青年，每天饮食胆固醇摄入增加100mg，则血浆胆固醇水平上升2.81mg/100ml。由此可见，饮食中胆固醇对女性影响比男性更明显。因此，在决定每日胆固醇摄入量时必须要考虑到上述因素。

如果血浆胆固醇高于正常水平，胆固醇每日摄入量就应适当减少，以使血浆胆固醇水平降至正常范围之内。

第三节 血脂的含义

血脂为血浆脂类物质的总称，包括三酰甘油、磷脂、胆固醇、胆固醇脂。因为三酰甘油和总胆固醇（胆固醇+胆固醇脂）与心血管疾病关系密切。所以，血脂检验时会关心这两项指标（表6-1）。

三酰甘油：正常＜1.71mmol/L，≥1.72mmol/L则为异常。

总胆固醇：正常3.10～5.95mmol/L，≥5.96mmol/L则为异常。

如果这两项指标增高，就要控制饮食成分或者进行辅助治疗。

有人认为，血液胆固醇的沉积量与食用饱和脂肪酸的量有关，所以称饱和脂肪酸和胆固醇是心血管病的罪魁祸首。在这种思想指导下，一些人为了限制血脂升高，严格限制自己的饮食，根据少胆固醇、绝对素食原则来控制自己的食谱。但是，禁食脂肪、卵黄（胆固醇含量高，但也富含卵磷脂，可起到降低血液黏稠度的作用）、动物内脏等食品，同时也限制了一些必须营养素的摄入，因而是不可取的。

附：血脂

血浆中所含有的脂类统称为血脂。空腹时血脂含量超出正常上限并且持续升高的症状，称高脂血症，长时间高血脂可引起动脉粥样硬化。正常成年人空腹时主要血脂含量见表6-1。

表6-1 正常成年人空腹时主要的血脂含量

名称	含量（mmol/L）
三酰甘油	＜1.71

续表

名称	含量（mmol/L）
总胆固醇	3.10～5.95
高密度脂蛋白	0.83～1.96
低密度脂蛋白	2.07～3.10

第四节　脂类的消化、吸收及代谢

脂类的消化、吸收在小肠内进行。对脂肪起消化作用的主要是胰腺分泌的脂肪酶。脂肪不溶于水，因此在消化道必须进行乳化。由肝脏分泌的胆汁对脂肪乳化起着至关重要的作用，它把脂肪分散成小微滴，使脂肪酶更易接近并分解脂肪成甘油和脂肪酸促进吸收利用。

机体内的脂类通过血液由三种类型的脂蛋白与之结合并进行转化。所以，血浆中脂类的含量可以反映机体内脂类物质的浓度。

1. 极低密度脂蛋白　主要作用是将三酰甘油（脂肪分子）转运到脂肪及全身各组织。所以，血浆中极低密度脂蛋白水平反映三酰甘油的浓度，正常人空腹时含量较低。

2. 低密度脂蛋白　主要作用是将胆固醇从肝脏转运到全身各组织。低密度脂蛋白是正常人空腹血浆中主要脂蛋白，约占脂蛋白总量的 2/3，血浆低密度脂蛋白增高的人易诱发动脉粥样硬化。

3. 高密度脂蛋白　其作用主要是从肝外组织将胆固醇运到肝中代谢，这种转运过程称为胆固醇的逆向转运。正常人空腹血浆中高密度脂蛋白含量较稳定，约占脂蛋白总量的 1/3。血浆高密度脂蛋白增高的人，动脉粥样硬化发病倾向较小。

动脉粥样硬化是心血管系统最常见的疾病之一。经化学分析证实，动脉粥样硬化主要是血浆胆固醇增高而沉积在大、中动脉内膜上所致。如果同时伴有动脉壁损伤或胆固醇转运障碍，则易在动脉内膜形成脂斑层，继续发展可使动脉管腔狭窄。

这些情况如发生在冠状动脉，易引起心肌缺血，进而发生心肌梗死。多数研究者认为，低密度脂蛋白和极低密度脂蛋白的增多具有促进动脉粥样硬化形成的作用。而高密度脂蛋白只有抵抗动脉粥样硬化形成的作用。体内脂蛋白水平与饮食结构、运动量及先天因素有关。实际上，机体内的代谢过程是一个完整统一的过程。碳水化合物、脂类和蛋白质在代谢过程中既相互联系，又相互制约，还可以相互转化。当摄入的食物所含热量超过人体所需能量时，过量养分就以脂肪形式储存在脂肪组织中形成体脂，无论哪种食物过量，都会以脂肪的形式储存，特别是碳水化合物，极易转变为脂肪，因此，进食过多的碳水化合物（主食）而体力活动又少的人容易发胖。

在一般生理情况下，人体所需的能量主要由碳水化合物的氧化供给。在禁食期间，体内能源是由蛋白质分解产生的氨基酸通过糖异生作用转变成葡萄糖供应。较长时间禁食，则糖异生所占比例下降，脂肪分解产生能量所占比例增高。一直主要利用葡萄糖供能的脑组织也要依靠酮体（脂肪分解产生的必然产物）供应能量。

第七章 蛋 白 质

蛋白质是生命的物质基础，是组成一切细胞和组织结构的基本材料。蛋白质与各种生命活动密切相关，没有蛋白质就没有生命。蛋白质的组成元素主要是碳（C）、氢（H）、氧（O）和氮（N），另外还有一些硫（S）、磷（P）及金属元素。

第一节 组成蛋白质的基本单元——氨基酸

人体蛋白质的种类很多，初步统计达10万种以上，在生命活动中发挥主要作用。实际上，这么多蛋白质都是由20多种氨基酸的不同排列组合而成，这些氨基酸是蛋白质的基本构件。膳食蛋白经消化系统分解为氨基酸后才能被机体吸收。然后在体内合成自身的组织材料和活性物质。

一、氨基酸的种类

组成蛋白质的20多种氨基酸中，有一部分在体内能够合成，称为非必需氨基酸。有8种氨基酸在人体内不能合成，必须由食物供给，称为必需氨基酸，即赖氨酸、色氨酸、苯丙氨酸、蛋氨酸、苏氨酸、异亮氨酸、缬氨酸和亮氨酸。对于婴幼儿来说，组氨酸也是必需氨基酸。

二、食物中的氨基酸

人体不同时期每日必需氨基酸的量是不同的。不同食物蛋白所含氨基酸的种类和数量不尽相同。食物蛋白的氨基酸模式越接近人体的需要，其营养价值越高。鸡蛋和人乳蛋白中必需氨基酸的构成很接近人体的需要量。故营养学中常把它们作为参考蛋白。将任何一种食物蛋白的必需氨基酸逐一与参考蛋白的必需氨基酸构成相比，所得商的百分比即为食物蛋白的氨基酸评分。

第二节 蛋白质的生理功能

蛋白质结构复杂，种类繁多，在体内表现出的生理功能多种多样，主要有以下几个方面。

一、构成人体组织，促进生长发育

蛋白质是组成人体一切组织和细胞的基本物质，神经、肌肉、骨骼、上皮、指甲、头发等组织结构中没有一处不含有蛋白质。蛋白质占人体重量的 16%～20%，相当于人体干重的42%～45%。

人体生长发育、衰老组织更新、损伤后组织修复等都离不开蛋白质。体内各种组织平均每天约有3%的蛋白质被更新。因此，人体每天都必须摄取一定量的蛋白质作为构成和修复组织的“建筑材料”。

神经系统的功能与摄入蛋白质的质和量有密切关系，表现在可明显影响大脑皮质的兴奋和抑制过程，在婴幼儿大脑发育期间，如蛋白质供给不足，会致脑细胞数量减少，影响智力发育。成人的记忆过程也与脑内蛋白质的合成有关。所以每天都要补充一定量的蛋白质，特别是脑力劳动者。

二、构成酶和激素成分，调节生理功能

蛋白质在体内构成许多功能物质，具有各种生理功能。酶本身就是蛋白质，也是生物催化剂。人体在生命活动中，如肌肉收缩、血液循环、呼吸、消化、神经传导、感觉功能、能量转化、信息传递、生长发育等过程，都伴随着成千上万个生物化学反应，这些反应非常复杂，要依靠各种各样具有特异功能的酶来催化实现。没有酶，生命活动就无法进行。有些激素也是蛋白质，如胰岛素（降血糖激素）等，可以调节人体生理功能。

三、构成抗体，增强机体的抗病能力

血液中有一种叫抗体的物质，可以保护机体免受细菌和病毒等的侵害。抗体由蛋白质组成，称抗体蛋白。抗体与侵入人体的各种细菌、毒素结合，使病原体无法繁殖、生存，使其致病能力减弱。有一种称作干扰素的抗体是糖和蛋白质的复合物。这种干扰素被誉为抑制病毒的法宝和抗癌生力军，在机体中发挥重要作用。

四、调节渗透压

正常人血液与组织之间的水在不停地进行转移，但却经常保持平衡。这种平衡依赖于血浆中电解质总量和蛋白质胶体的浓度。当血浆与组织液浓度相等时，两者水分分布取决于血液中蛋白质的浓度。若膳食中长期缺乏蛋白质，血浆蛋白的含量降低（血液稀释），则血液内水分渗入周围组织而形成营养不良性水肿。

五、供给部分能量

蛋白质的主要功能不是供给能量，而是修补和更新组织。但一些陈旧的组织、细胞蛋白质分解也可释放能量。另外，通过食物摄入的蛋白质有些不符合机体所需氨基酸的比例，也会氧化分解产能。每克蛋白质在体内氧化可产生16.7kJ的能量。正常人体产能有10%～15%来自蛋白质的分解。

六、维持皮肤的弹性

胶原蛋白广泛分布在人体。肌肉连接的肌腱、关节连接的软骨组织和结缔组织及皮肤的真皮层中，即人体每个细胞的连接都需要胶原蛋白。胶原蛋白根据功能不同，可起到构成人体支架、保证人体活动、使皮肤和肌肉保持弹性的作用，既有连接与营养功能，又有支持、保护作用。因此，胶原蛋白对于维持人体正常生理功能、保持生命活动、延缓衰老

具有重要意义。在人的皮肤中，胶原蛋白含量高达 71.9%，如长期缺乏蛋白质会导致皮肤的生理功能减退，使皮肤失去光泽、出现皱纹、弹性降低。

七、运 输 作 用

机体新陈代谢过程中所需的氧和生成的二氧化碳的运输，是由血液中血红蛋白完成的。载脂蛋白可运输脂类，运铁蛋白可运输铁，甲状腺素结合球蛋白可运输甲状腺激素等。

第三节 蛋白质的消化、吸收和代谢

蛋白质是生命的物质基础，没有蛋白质就没有生命。因此，它是与生命及各种形式的生命活动紧密联系在一起的物质。机体中的每一个细胞和所有重要组成部分都有蛋白质参与。蛋白质占人体重量的 16%～20%，即一个 60kg 的成年人其体内有蛋白质 9.6～12.0kg。人体内蛋白质的种类有很多，性质、功能各异，但都是由 20 多种氨基酸按不同比例组合而成的，并在体内不断进行代谢与更新。

蛋白质在胃里开始分解，在胃蛋白酶的作用下，蛋白质分解成小肽，然后经胰蛋白酶和肠肽酶的作用最终分解为各种氨基酸，通过小肠吸收入血后被利用。

被吸收的氨基酸主要用于合成机体自身蛋白质，与此同时原有组织蛋白也会不断分解，机体通过这些过程进行更新。多余的氨基酸可以分解释放能量，最终分解产物除了二氧化碳和水以外，还有尿素，其通过肾脏排出体外。氨基酸分解过程中可产生氨，对人体有毒性，但通常情况下氨可以在肝中合成尿素后排出，而不致对人造成伤害，所以肝具有很强的解毒功能。当肝衰竭时，肝的解毒功能随之削弱或丧失，致使体内氨蓄积，造成中毒。严重时使人昏迷，称肝昏迷。因此，肝功能不好的人要适当限制蛋白质饮食。

第四节 蛋白质的食物来源和供给量

自然界中蛋白质的含量极为丰富，动物、植物食品中都含有大量的蛋白质，但是，在人们的膳食中要尽量食用优质蛋白。

一、蛋白质的来源

人体所需蛋白质来自动物性和植物性食物。按蛋白质营养价值将其分为完全蛋白（优质蛋白）和不完全蛋白。完全蛋白含有人体所有必需氨基酸，而且含量和比例与人体蛋白质必需氨基酸的比例接近，营养价值高。优质蛋白主要存在于动物性食物，如蛋、奶、鱼、瘦肉、动物内脏等。鸡蛋和人乳蛋白是营养价值最高的优质蛋白。植物优质蛋白主要是大豆及其制品。不完全蛋白指必需氨基酸的种类不全或某种必需氨基酸的比例过低，营养价值较低。大多数植物性食物如大米、玉米、小麦、高粱、杂豆等所含蛋白质的量较少，并缺乏一些必需氨基酸，营养价值较低。

我国人民膳食蛋白主要来自粮食类，近年来随着国民经济的发展，人民生活水平不断提高，动物性食物的摄入量比过去有所增加，人均寿命大大延长，从 1949 年的 35 岁，到目前近 77 岁，已经达到中等发达国家的水平（寿命的延长除了有营养因素外，还有保健、医疗水平等因素的影响），说明中国人的生活质量越来越高。

二、供　给　量

我国推荐的每日膳食中蛋白质最低供给量为成年 40g（随劳动强度增加而增加），儿童与少年按年龄分组供给 35～70g。1 岁以内婴儿以千克体重计，为 2～4g/kg。我国营养学会提出成人蛋白质 80g/d，合理科学的每日蛋白质组成见表 7-1。

表 7-1　每日膳食蛋白质的组成

	250ml 牛奶	蛋白质 6g
	一个鸡蛋	蛋白质 7g
	50g 豆制品	蛋白质 16g
	50g 瘦肉	蛋白质 8g
	50g 粮食	蛋白质 4g

注：200g 粮食、1 盒奶、2 个鸡蛋、100g 豆制品、100g 瘦肉＝84g 蛋白质。

蛋白质的供给量，成年人应占总产能的 10%～12%，可以确保维持正常的生理功能，儿童、青少年为 12%～15%，以保证膳食中有充足的蛋白质供给生长发育的需要。

在日常的生活中，经济条件与科学的膳食有关，但关系不大。

第五节　蛋白质营养失调对健康的影响

蛋白质是我们机体重要的组成部分和营养物质，但是，无论过多还是过少，都会给机体带来危害。

一、氮　平　衡

在三大产能营养素中，蛋白质是人体中氮元素的唯一来源，因此通常以氮平衡来评定人体蛋白质的营养状况，在一定时间内（24 小时），若摄入与排出的氮量一致，表示机体处于氮平衡状态，摄入大于排出量为正氮平衡，摄入小于排出量为负氮平衡。正常情况下，成人维持氮平衡即可。婴幼儿、青少年、孕妇、乳母及疾病恢复期人体因大量组织新生，应保持正氮平衡。蛋白质摄入不足、消耗性疾病及吸收不良，会出现负氮平衡，负氮平衡说明人体组织分解加速，长期负氮平衡将导致机体损害。

二、蛋白质-能量营养不良

蛋白质营养失调包括营养不足和营养过剩，都会对机体健康产生不良影响。蛋白质长期摄入不足会发生蛋白质营养缺乏症，主要表现为儿童和青少年发育迟缓，消瘦，体重过轻，甚至可发生智力障碍；成人可出现疲倦无力、精神状态不良、体重显著下降、肌萎缩、贫血、血浆蛋白含量降低，严重者可发生营养不良性水肿；女性还可出现月经障碍、乳汁分泌减少。蛋白质缺乏症通常与能量缺乏同时存在，所以称为蛋白质-能量营养不良。

蛋白质-能量营养不良是一种因缺乏能量和蛋白质而引起的营养缺乏病，这是目前发展中国家较为严重的一种营养缺乏病。该病主要发生在婴幼儿，在经济落后、卫生条件差的地区尤为常见，是危害少儿健康、导致死亡的主要原因之一。据联合国粮食及农业组织报道，目前全世界有 5 亿人口存在饥饿问题，占人口总数的 13%。约有 2 亿儿童存在各种程度的蛋白质-能量营养不良，根据临床表现可分为两种类型。

1. 营养消瘦型 由于长期进食太少，机体处于饥饿和半饥饿状态，尤其是能量不足，只能靠消耗自身组织来供给能量，以维持最低生命活动的需要。该型营养不良多见于母乳不足、喂养不当、饥饿、疾病及先天性营养不良等，表现为生长发育缓慢或停止，明显消瘦，皮下脂肪减少或消失，肌肉萎缩，皮肤干燥，毛发发黄无光泽，抵抗力低下，易发生感染，但无水肿。

2. 恶性营养不良型 也称水肿型蛋白质-能量营养不良，这是由于蛋白质严重缺乏和能量供应只能维持最低需要水平而导致的极度营养不良症，多见于断乳期的婴幼儿。临床表现：精神萎靡，反应冷漠，哭声低弱无力，食欲减退，体重不增或减轻，下肢呈凹陷性水肿，皮肤干燥，色素沉着，毛发稀少无光泽，肝脾大等。这是在南非、中非、印度、拉丁美洲发展中国家儿童中的一种常见病。病因为摄入足够甚至过量的碳水化合物（山芋、木薯等），但蛋白质严重缺乏而造成营养不平衡，特别是儿童，生长发育迅速，代谢功能旺盛，缺乏必要蛋白质则无法更新组织。

三、蛋白质营养过剩

摄入蛋白质过多导致营养过剩，也对人体有害，如大量蛋白质在肠道中由肠道细菌引起腐败，产生大量胺类物质，给机体造成毒性。另外，大量蛋白质在体内代谢过程中增加肝肾负担，蛋白质过多还会使其生物价下降等。动物实验表明，膳食中蛋白质含量过多，超过供能总量的 26%，就会引起疾病，甚至影响寿命。

第八章 维 生 素

维生素是维持人体正常代谢和功能所必需的一类营养素。除了三大营养素（碳水化合物、脂肪、蛋白质）之外，维生素也是人体必需的营养物质。在体内主要作为辅酶参与机体的代谢过程。生命过程由多种代谢反应所维持，这些反应依赖酶的催化作用，而许多酶的活性依赖辅酶的参与。若酶的活性异常，则生命体代谢异常，此时表现为疾病。若代谢停止，则生命即告终结。如果我们把人的机体设想为汽车的引擎，酶系统就是活塞的点火装置。

与三大营养素相比，维生素的需要量很少，而且既不能为机体提供能量，也不是机体的构成物质。虽然维生素在机体中含量甚微，但其功能十分重要，长期缺乏任何一种维生素，都会危及健康。由于缺乏维生素所引起代谢紊乱而出现的相应病理症状，称为维生素缺乏症。人体所需的维生素大多数不能在体内合成，必须从食物中获得。

维生素的种类繁多，结构各异，理化性质和生理功能也各不相同。所以无法按化学结构和生理功能进行分类。通常是根据它们的溶解性质分为脂溶性维生素和水溶性维生素两大类。脂溶性维生素可溶解于有机溶剂而难溶于水，有维生素 A、维生素 D、维生素 E、维生素 K 等。水溶性维生素有 B 族维生素（维生素 B_1、维生素 B_2、维生素 B_6、维生素 B_{12}、维生素 PP、泛酸、生物素、叶酸等）和维生素 C，它们都易溶于水，所以在食物的清洗、加工、烹调过程中若处理不当易损失，在体内有少量储存，易排出体外。

第一节 脂溶性维生素

脂溶性维生素主要是指维生素 A、维生素 D、维生素 E 和维生素 K，前三种大家比较熟知，每种维生素都有不同的特点和功能。

一、维生素 A

1. 性质 维生素 A 又名视黄醇，性质活泼，易被氧化和易被紫外线照射而破坏。天然维生素 A 只存在于动物性食物中。有些植物性食物有 β-胡萝卜素，进入机体可转变为维生素 A。因此，β-胡萝卜素又称为维生素 A 原。在人体可发挥维生素 A 的作用。

2. 生理功能及缺乏症

（1）维持视觉功能：特别是暗视觉，维生素 A 在机体内可以合成视紫红质（由维生素 A 和视蛋白结合而成）。视紫红质对弱光敏感，与暗视觉有关。能使人在暗处看清物体。所以维生素 A 缺乏会造成视紫红质合成不足，对弱光的敏感度降低，造成夜盲症（古代称其为“雀目”）。

（2）维持上皮细胞（在人体外表面、体腔内面和各种管道的内表面都有上皮组织覆盖）的完整和健康。维生素 A 与磷酸构成的脂类是合成蛋白质所需寡糖基的载体。而糖蛋白能参与上皮细胞的正常形成和黏液分泌，是维持上皮细胞生理完整性的重要因素。缺乏维生素素 A 时，上皮细胞分泌黏液的动力丧失，出现上皮干燥、增生及角化（死皮）、掉屑，尤其以眼、呼吸道、消化道、尿道等上皮组织受影响最为明显。由于上皮组织不健全，机体抗微生物侵袭的能力降低，易感染疾病。如果泪腺上皮受破坏，导致泪液分泌减少，会造成干眼症。严重时角膜上皮角质化导致角膜感染，白细胞浸润导致角膜混浊、损坏而穿孔失明。因为癌肿多发生在上皮细胞，所以上皮组织健康与否与癌肿发生有关。

（3）促进生长发育：具有类固醇激素的作用，影响细胞的分化，促进生长发育。维生素 A 能维持成骨细胞与破骨细胞之间的平衡，维持骨的正常生长，缺乏时，可引起生长停顿、发育不良，骨质向外增生，并干扰邻近器官及神经组织等。孕妇缺乏维生素 A 可导致胚胎发育不全或流产。

（4）抗氧化和抗癌作用：维生素 A 和 β-胡萝卜素能捕捉自由基，所以具有较强的抗氧化作用。近年的研究表明，维生素 A 与视黄醇类物质还能抑制肿瘤细胞的生长与分化，可起到防癌、抗癌的作用。此外，维生素 A 还与抗疲劳有关。

3. 食物来源 维生素 A 只存在于动物性食物中，尤其动物肝、鱼肝油、鱼卵、全奶、蛋黄。植物中不存在维生素 A，但有各种胡萝卜素，其中 β-胡萝卜素最为重要，其主要在小肠黏膜处由 β-胡萝卜素加氧酸作用，加氧断裂，生成 2 分子视黄醇，所以通常将 β-胡萝卜素称为维生素 A 原。有色蔬菜和水果是胡萝卜素的良好来源，如菠菜、豌豆苗、胡萝卜、南瓜、西瓜、杏、柿子、芒果等。

4. 供给量 成年人维生素 A 的供给量为每日 80μg 视黄醇当量，供给量中至少有 1/3 来自维生素 A，其余 2/3 来自胡萝卜素。视力要求高，夜间及弱光下工作，皮肤、黏膜经常受刺激者，需要量较多。维生素 A 过量易引起中毒，急性表现为恶心、呕吐、嗜睡，慢性症状为毛发干枯易脱、皮肤干燥瘙痒、烦躁、厌食、肝大等。

二、维生素 D

1. 生理功能及缺乏症

（1）维生素 D 主要的功能是调节体内钙、磷代谢，促进骨对钙、磷的吸收和利用，有利于健全骨骼和牙齿。如维生素 D 缺乏，会引起钙磷代谢紊乱，血中钙磷水平降低，造成骨钙化障碍，成人发生骨软化症和骨质疏松，多见于孕妇、乳母及老年人。婴幼儿时期可出现佝偻病。

（2）婴幼儿骨骼发育快，极易因缺乏维生素 D 导致缺钙而患佝偻病。发病初，烦躁，爱哭，睡眠不安，食欲不振，睡后颈部多汗，头经常在枕头上摩擦而出现枕秃现象。坐、立、走都比正常幼儿开始得晚。6 个月以下的孩子前囟门闭合晚，有的推迟到 3 岁。头部边缘骨软化，按起来像乒乓球，头颅呈方形；骨骼的软骨连接处增大；鸡胸；腿部因承受不住躯干的压力而弯曲，形成 O 形腿或 X 形腿。

（3）维生素 D 是 7-脱氢胆固醇和麦角固醇经紫外线照射后的产物。人体皮肤及脂肪内都含有 7-脱氢胆固醇，经日光紫外线照射后可转变为维生素 D_3，是人体维生素 D_3 的主要来源。北方孩子易患佝偻病，主要是因日光照射不足。有时肠道疾病造成吸收障碍，直接影响维生素 D 与钙的吸收，也会造成缺乏症。

2. 食物来源 维生素 D 存在于动物性食物中，如动物肝脏、鱼肝油、奶、酵母、禽蛋等。晒干后的青菜，其他维生素可能会被破坏，但维生素 D 的含量很高，多进行户外活动和适当的日光浴，食用富含维生素 D 的食物，对婴幼儿和经常在地下工作的人员特别重要。

3. 供给量 儿童、青年人和孕妇每天供给量均为 10μg，一般成人为 5μg，适当户外日光照射，正常膳食者体内维生素 D 即可满足需要。只有特殊情况（如长期夜班工作）才需补充。维生素 D 过量可引起中毒，表现为厌食、恶心、呕吐、腹泻、头痛、嗜睡、多尿、烦躁等。血液中钙磷增高，可引起软组织钙化，还易造成结石症。

三、维生素 E

维生素 E（生育酚）极易被氧化，并易被碱、铁、盐破坏，对酸、热较稳定。但长期高温、高盐特别是油脂酸败时活性明显降低。

1. 生理功能

（1）抗氧化作用：机体在代谢过程中不断产生自由基，自由基是含一个或多个未配对电子的原子或分子，具有强氧化性，易损坏生物膜和生理活性物质，并加促细胞衰老，使脂质过氧化出现脂褐素（老年斑）。维生素 E 本身结构中有一个羟基容易被氧化，因而可以自身为代价保护细胞膜和细胞器的完整性和稳定性，有效地减少各组织细胞内脂褐素的产生，延缓衰老过程。

维生素 E 的抗氧化性可以防止维生素 A、维生素 C 和 ATP 的氧化，保证这些重要物质的生理功能。维生素 E 还能提高免疫反应，从而起到预防肿瘤的作用。日常还可用于改善冠状动脉的循环，作为心脏病、血管硬化症和肝炎的辅助用药。另外，一些化妆品也含有维生素 E。

（2）维持正常的生殖功能：大量实验发现维生素 E 与动物生殖功能有关，故临床上常用于辅助治疗不育、习惯性流产、早产等。到目前为止，尚未发现维生素 E 明显缺乏症。

2. 食物来源 植物油中（特别是麦胚油中）常含有维生素 E；植物的胚芽，许多绿色植物、大豆等也富含维生素 E。

3. 供给量 正常情况下的维生素 E 的儿童供给量为每日为 3～8mg，青少年与成人为 10mg，孕妇、乳母和老年人为 12mg。维生素 E 需量多受膳食其他成分的影响，如饮酒及口服避孕药、阿司匹林等都需增加其需要量。

四、维生素 K

目前所知，维生素 K 的唯一功能是促进凝血，缺乏时凝血时间延长。维生素 K 存在于各种食物中，并可由小肠和结肠中的细菌合成，成人很少有缺乏维生素 K 的情况。对新生儿来说，体内维生素 K 很少，而且新生儿的肠道是无菌的。在出生后的第三或第四天之前，肠内正常菌群未发展，维生素 K 的供应不够充足，血液中活性凝血酶原很低，易发生出血，但在三四天后即恢复正常。

由于正常人的肠道细菌能够合成维生素 K，而且食物来源多，因此，一般情况下，不会造成维生素 K 缺乏，但患肠道疾病、腹泻或脂类消化不良，或长期服用广谱抗生素抑制了肠道细菌生长时，易引起维生素 K 缺乏，需及时补充。

第二节　水溶性维生素

水溶性维生素（B 族维生素和维生素 C）是健康机体的重要成分，而且来源丰富，在蔬菜和水果中含量较多。

一、维生素 B_1

维生素 B_1 又称硫胺素或脚气病维生素，在酸性溶液中稳定，耐热，但在碱性条件下加热易被氧化破坏，并易受紫外线影响而被破坏。故烹调时加碱、储存食物不当会造成维生素 B_1 的损失。

（一）生理功能及缺乏症

1. 促使碳水化合物的新陈代谢，维护心脏和神经健康 维生素 B_1 为脱羧酸的辅酶（在糖代谢过程中，用于氧化脱羧生成 CO_2）。若没有维生素 B_1，糖代谢受阻，一方面导致神经组织的供能不足；另一方面，糖代谢过程中产生的丙酮酸和乳酸在血、尿和组织中堆积，引起多发性神经炎，并影响心肌的代谢及功能，如患者易怒、健忘、失眠、食欲不振、手足麻木（有蚂蚁爬行感等）、皮肤粗糙、肌肉酸痛萎缩，严重时可产生手足腕下垂、下肢水肿和心力衰竭。临床上称为脚气病。

维生素 B_1 缺乏症多因膳食处理不合理（如精米为主、米清洗过度、面粉加工过细等）、烹调不当（如捞饭时弃掉米汤、煮粥时加碱等）等造成维生素 B_1 摄入过少所致。长期发热或患消耗性疾病，也可导致维生素 B_1 缺乏，我国早在隋唐时便已使用富含维生素 B_1 的“谷皮”来治疗脚气病。

2. 增进食欲与消化功能 维生素 B_1 可抑制胆碱酯酶的活性，使重要的神经传导递质——乙酰胆碱不被破坏，从而保持神经的正常兴奋程度。当维生素 B_1 缺乏时，由于胆碱酯酶活性增强，乙酰胆碱水解加速，使神经传导受影响，导致胃肠蠕动慢、消化液分泌不足，引起食欲不振、消化不良等症状。

（二）食物来源

含维生素 B_1 丰富的食品有米糠、麦麸、豆类、干果和硬壳果类、动物内脏、瘦肉及蛋类。绿叶蔬菜中维生素 B_1 含量也较高，如芹菜叶、莴笋叶，应当充分利用。谷类的胚芽和麦皮含维生素 B_1 最丰富，是维生素 B_1 的主要来源。所以长期吃精米，反而易患脚气病。另外，烹调不当，如熬粥加碱等，也会损失维生素 B_1。

（三）供给量

由于维生素 B_1 参与糖代谢，其需要量与机体热量总摄入量成正比，故维生素 B_1 的供给以每 4.2MJ 热能供多少来表示。据此，我国推荐维生素 B_1 供给量为 0.5mg/4.2MJ，一般为每日 1.4～1.8mg/4.2MJ。高度脑力劳动，高温、缺氧作业的需要量增加。运动员的需要量较多，特别是耐力项目应适当补充。

二、维生素 B_2

维生素 B_2 又称核黄素，在酸性溶液中稳定，但易被光（特别是紫外光）和碱所破坏。因此，要避光保存，膳食烹调中不能加碱。

（一）生理功能和缺乏症

维生素 B_2 可转化为黄素类辅基 FMN 和 FAD，在生物氧化过程中起逆氢作用，与热能代谢直接相关。若维生素 B_2 不足，体内物质和能量代谢将出现紊乱，机体缺乏维生素 B_2 常表现在外生殖器、舌、唇、口角综合征。据我国两次营养调查显示，居民平均摄入量只有供给量标准的 1/2。维生素 B_2 缺乏症状为口角炎、唇炎、舌炎、睑缘炎、阴囊炎、脂溢性皮炎等。

（二）食物来源

鳝鱼、蘑菇、动物脏器、奶类、蛋类、绿色蔬菜和豆类中维生素 B_2 含量均较高，谷物和一般蔬菜含量较少。

维生素 B_2 在谷物加工时极易损失，部分是由于热烫处理而溶于水中，部分是由于光照损失，如牛奶暴露于阳光下 2 小时就会损失 50%的维生素 B_2，所以维生素 B_2 较丰富的食品不宜久存。

（三）供给量

维生素 B_2 与机体能量代谢及蛋白质的摄入量均有关系，机体热量需要量增大，生长加速，创伤恢复期、孕妇和乳母的供给量都要增加，我国推荐，供给量标准与维生素 B_1 相同，为大约每日 1.4mg。

三、维生素 B_{12}

维生素 B_{12} 又称钴胺素，是以钴离子为中心的复杂多元环化合物，是唯一含金属元素的维生素。在中性或弱酸条件下稳定，强酸或强碱中易分解，在阳光照射下易被破坏，但耐热性较好，故其在一般烹调方法中不被破坏。

（一）生理功能和缺乏症

维生素 B_{12} 促进红细胞的发育和成熟，维持机体正常的造血功能。维生素 B_{12} 是转甲基的辅酶，可以提高四氢叶酸的利用率。当维生素 B_{12} 缺乏时，可造成巨幼红细胞性贫血。

（二）食物来源及供给量

维生素 B_{12} 的食物来源是动物性食物，动物肝肾、奶、肉、蛋、海鱼、虾等含量较多。肠道细菌也可合成一部分。其需要量很少，一般成人每日供给 1～3μg，正常人一般不会缺维生素 B_{12}，但对胃功能失调患者，不能吸收此种维生素，可能造成缺乏症。

四、维生素 C

维生素 C 又称抗坏血酸，具有很强的还原性，很容易被氧化。在干燥及无光线条件下较稳定。加热或暴露于空气中，碱性溶液及金属离子（Cu^{2+}、Fe^{3+}）都会加速其氧化。

（一）生理功能和缺乏症

1. 参与氧化还原作用，保护含巯基酶的活性，保护维生素 A、维生素 E 及必需脂肪酸免受氧化。消除自由基和某些化学物质对机体的毒害，还可以将三价铁还原成二价铁，有利于铁的吸收和利用。

2. 促进胶原蛋白的合成 胶原是骨、结缔组织、血管的主要成分。胶原交联成胶原纤维才能构成组织结构成分。维生素 C 作为还原剂，可促进蛋白中某些氨基酸羟化后交联成胶原纤维。若维生素 C 缺乏，会造成毛细血管破裂（皮肤出现瘀点与瘀斑）、出血、牙齿松动、骨骼脆易折断、伤口不易愈合等。严重缺乏时导致坏血病（坏血病主要症状为牙龈出血损坏、掉牙、腿痛等）。

坏血病，早期又称贸易病，早期贸易因为条件限制，又缺乏相应科学知识，在长时间大海航行过程中，因为缺乏蔬菜、水果的供应而造成维生素 C 缺乏，造成大量海员因坏血病而死亡。

3. 提高应激能力（适应各种紧急状态如喜、怒、惊、恐等各种条件变化的能力）应激状态下，人的全身处于高度紧张状态，出现相应的生理反应如心跳加剧、血压升高、出汗、肌肉紧张等。此时机体处于充分动员状态，代谢水平加快，活动量增加，以适应紧急情况。体内各种激素，如肾上腺素、肾上腺皮质激素及胰高血糖素的增加，有利于保持体内主要器官葡萄糖的供应，保证能量来源。人的应激能力一般有两种表现，一种是对突如其来的情况目瞪口呆，无能为力，陷入一种混乱之中；另一种是急中生智，头脑清醒，当机立断，随机应变，动作准确，行动有力，及时摆脱困境。应激能力是一种包括心理、生理等因素的综合能力。

维生素C可参与甲状腺激素、肾上腺皮质激素和5-羟色胺（神经递质）等物质的合成与释放，可提高人的应激能力和对寒冷的耐受能力。

4. 降低血胆固醇的水平 维生素C参与肝中胆固醇羟化过程以转变成胆汁酸（帮助消化），从而降低血浆胆固醇水平，预防心脑血管硬化。

5. 增强机体抵抗力和抗癌作用 维生素C能刺激机体产生干扰素，增强抗病毒能力，预防感冒，还可以保护心脏，改善心肌功能。维生素C还能阻止一些致癌物的形成，如阻断致癌物亚硝胺的形成，所以对预防癌症有效。

（二）食物来源及需要量

维生素C主要来源于新鲜蔬菜和水果，如韭菜、青椒、芥蓝、菜花、苦瓜、柑橘、鲜枣、草莓、山楂、猕猴桃、鲜荔枝等含量尤为丰富。干的豆类及种子不含维生素C，但豆类种子发芽后可产生维生素C。新鲜蔬菜储存过久会使维生素C破坏，应合理保存和烹调蔬菜，做到不久存，提倡生食新鲜蔬菜和水果，以利于保护和利用维生素C。

维生素C需要量较大，成人一般每天为60mg。

第三节 维生素缺乏病的原因

维生素是人体生长所必需的营养物质，机体如果缺乏，就会出现某些疾病，下列原因可引起维生素缺乏症。

1. 摄入不足 食物供应不足和生活习惯不好，如精米白面、淘洗过度、偏食或挑食、烹调过度、新鲜蔬菜储存过久等。

2. 吸收障碍 摄入量充足，但不能吸收，如慢性腹泻、肠道梗阻、肝胆系统疾病等均造成维生素缺乏。

3. 机体需要量增加 生长期儿童、妊娠及哺乳期妇女，维生素A、维生素D、维生素C需要量增加，高热及慢性疾病时，维生素B_1、维生素B_2、维生素PP和维生素C对疾病起辅助治疗和恢复作用，需要量增加，必须额外补充。

4. 长期服用药物或维生素拮抗剂 因为肠道细菌可合成维生素K、维生素B_6、泛酸、叶酸等，长期服用抗生素，使消化道细菌生长受到抑制，可引起某种维生素的缺乏或不足。

因此，预防维生素缺乏宜采取以下措施：提供平衡膳食，根据人体的生理、病理情况及时调整维生素的供给量，及时治疗影响维生素吸收的肠道疾病，食物加工烹调合理，尽量减少维生素的损失，提倡多吃新鲜水果和蔬菜，均衡营养，保证各种维生素的供应。

有些人认为维生素作为营养素，摄入是“多多益善”，实则不然。合理营养的关键在于“适度”，过多摄入某些维生素，特别是维生素制剂，对人体也可能造成伤害。

第九章 无 机 盐

人体作为一个整体，需要各种营养物质的参与才能完成生命过程。前面介绍的营养物质主要是有机化合物（碳氢化合物）。除碳氢化合物以外的元素和化合物统称为无机盐，占人体重量的5%～6%。无机盐也是人体主要组成部分，虽然需要量不像三大营养素那样多，但也是维持机体正常生理功能不可缺少的营养物质。

人体中20余种无机盐可以根据其含量大致分为两类，一类含量大于0.01%，如钙、镁、钾、钠、磷、硫、氯等，称为常量元素；另一类含量小于0.01%，称为微量元素。现已证明人体必需微量元素有14种，包括铁、锌、碘、硒、氟、铜、钼、锰、铬、镍、钒、硅、钴和锡（最新的一些研究表明，锶、硼、铷、砷、锗等对人体也发挥一定的生理作用）。微量元素在人体内含量甚微，总量不足体重的5/10 000，但在体内发挥重要的生理作用。随着科学技术的发展，人们的认识不断深化，微量元素的新功能还会发现，微量元素的种类还可能增加。

第一节 无机盐的主要生理功能

无机盐作为机体七大营养成分之一，参与机体诸多重要的生理功能。

一、构成机体组织的主要材料

钙、镁、磷是骨骼和牙齿的主要成分，磷还是能量分子ATP和磷脂的主要成分，铁参与血红蛋白、肌红蛋白和细胞色素的组成等。

二、维持机体的酸碱平衡和渗透压

正常人体组织中细胞内外液的pH变化范围很小，甚至改变0.1个pH单位都会引起酸蛋白的变性，造成生理功能失调。因此，体液缓冲系统如$H_2PO_4^-$ / HPO_4^{2-}、H_2CO_3/HCO_3^-等缓冲对，在维持酸碱平衡方面发挥了主要作用，另外，体液电解质主要是Na^+、Cl^-、K^+、$H_2PO_4^-$、HPO_4^{2-}、HCO_3^-等，Na^+、Cl^-是维持细胞外渗透压的主要离子，K^+、$H_2PO_4^{2-}$是维持细胞内渗透压的主要离子。细胞内外液的渗透压平衡主要由以上离子的浓度决定。

三、维持神经肌肉的应激性

一些无机离子对神经肌肉兴奋性有不同的影响，有的可增强其兴奋性，有的可抑制其兴奋性。实验证明神经肌肉的兴奋性与下列离子浓度和比例有关。

神经肌肉组织的应激性：已知 Na^+、K^+浓度升高，可增强肌肉组织的兴奋性；Ca^{2+}、Mg^{2+}浓度升高，可降低神经肌肉组织的兴奋性。由此可见，缺钙严重的婴幼儿常出现手足抽搐，是肌肉组织的应激性升高所致。

心肌的应激性：也与上述离子有关，但效应有所不同。K^+对心肌的影响非常重要，血钾过高对心肌有抑制作用，心脏舒张期延长，心率减慢，严重时甚至可致心跳停止在舒张期；血钾过低常出现心律失常，使心跳停止于收缩期。Na^+和 Ca^{2+}可拮抗 K^+对心肌的不利作用，维持心肌的正常应激状态，保证其功能。

酶的组成成分和激活剂：不少无机离子常作为酶的辅酶或激活剂影响酶的活性，如呼吸链中细胞色素体系含铁；碳酸酐酶含锌；细胞色素氧化酶含铜；ATP 酶需要一定浓度的 Na^+、K^+、Ca^{2+}或 Mg^{2+}存在才表现活性。Cl^-是淀粉酶的激活剂，可提高淀粉酶对淀粉的消化能力等。

第二节 钙

钙是人们了解最多的无机盐之一，在日常生活中人们也普遍关注钙的营养价值，但缺乏从医学营养学的角度认知有关钙的基本知识。

一、含量与分布

钙是人体内常量元素中含量最多的元素，成年人体内含量可达 1200g，其中 99%以羟磷灰石的形式沉积于骨骼和牙齿中，使得骨骼和牙齿坚固。其余的 1%则存在于体液和软组织中，虽然这部分钙不多，却具有非常重要的生理功能。血液中钙的浓度正常值是 2.45mmol/L。

二、生 理 功 能

1. 构成骨骼和牙齿 骨骼是骨盐（主要是羟磷灰石）和胶原蛋白沉积而形成的。这种沉积过程称为成骨作用。骨骼中胶原蛋白提供韧性和弹性，羟磷灰石提供硬度和刚性，这种紧致的复合体，在体内起支撑作用。成骨作用的逆过程称为破骨作用，即骨盐溶解、胶原水解过程。骨骼在成骨和破骨过程中得到更新。

牙齿的主要部分由牙质组成。牙质的成分类似于骨骼，但钙盐含量更多，所以较骨骼更紧致。牙釉质（牙齿外层）比牙质还坚硬。

龋齿是由于口腔中的细菌和酶把残留在口腔中的碳水化合物发酵产生酸，酸性使牙齿的无机盐溶解，破坏牙釉质，久而久之造成龋齿。

牙齿中的钙与骨骼中的不一样，不能被置换，因此牙齿不能自己更新。预防龋齿的办法就是晚上睡觉前不吃甜食，睡前刷牙。另外，含氟牙膏可起到预防龋齿的作用，氟磷灰石较羟磷灰石的溶解度小，更坚硬，更耐酸腐蚀。

2. 维持神经肌肉的正常兴奋性 肌肉的兴奋、神经冲动的传导和心脏的正常搏动都需要钙。当血浆中 Ca^{2+}明显下降时，可引起手足抽搐甚至惊厥，原因是缺钙导致神经组织应激性升高。通常小孩和老人容易缺钙，常出现手足抽搐症状。

3. 维持细胞膜和毛细血管正常功能 只有 Ca^{2+}与卵磷脂密切结合，才能维持毛细血管和细胞膜的正常通透性和功能。

4. 凝血因子和信使 Ca^{2+}可参与血液凝固过程，作为第二信使调节机体的各种生理活动。

三、钙的吸收及影响因素

钙的吸收量较低，通常成人对膳食中钙的吸收率为 20%～30%，婴幼儿、儿童、孕妇和乳母对钙的利用最为有效，他们能吸收膳食中 40%以上的钙。而对长期缺钙的人来说，钙的吸收率高达 60%～70%。钙主要在小肠吸收，影响钙吸收的因素很多，主要有如下几方面：

1. 膳食中的钙磷比例 在对儿童的试验中发现，随着钙摄入量增加，吸收率相对下降，说明单纯增加钙摄入量并不能增加其吸收率。钙的吸收与体内磷元素有关，膳食中的钙磷比例为 2∶1 时，有利于钙的吸收。

2. 维生素 D 维生素 D 或其衍生物（维生素 D 的活性形式：1，25-二羟维生素 D_3）可以诱导机体合成钙结合蛋白，这种蛋白有利于钙通过肠壁转运以增进钙的吸收，从而使血钙升高并促进骨骼中钙的沉积，因此，缺钙时还需补维生素 D。

3. 消化道的酸碱度 钙在酸性溶液中较易溶解，对钙的吸收有利。

4. 食物因素 凡能与 Ca^{2+}形成可溶性复合物的食物成分，均有利于钙的吸收，但钙可与植酸、草酸形成不溶的植酸钙、草酸钙，抑制钙的吸收。脂肪与钙结合可形成不溶性钙，随粪便排出体外。因此，脂肪过多会导致钙的丢失，另外，钙在碱性介质中难溶解，利用率降低。

5. 年龄因素 年龄也是影响钙吸收的主要因素。40 岁以上人群钙吸收率明显下降，这是导致中老年骨质疏松的主要原因。

四、食物来源和供给量

1. 来源 钙最理想的来源是奶及奶制品，奶中不仅含钙丰富，而且吸收率高（乳糖钙有利于吸收），动物性食品如蛋黄、鱼、贝类、虾皮等含量也高。植物性食物中豆类含钙量丰富，此外，绿叶蔬菜也含有较丰富的钙，但是有些蔬菜像苋菜、菠菜含草酸较多，会影响钙的吸收。硬水含钙高，所以一般不提倡喝纯净水。

2. 供给量 我国人群中钙缺乏率较高，一方面膳食中含钙量不足，另一方面与生活习惯有关。中国营养学会推荐成人每日膳食钙的供给量为 800mg，儿童、孕妇、乳母和老年人的供给量应较成人多，在儿童与青少年的膳食中加入骨粉、蛋黄粉也是补充膳食钙的有效措施。

第三节 磷

磷具有机体不可或缺的重要生理功能。

一、含量及分布

由前可知，骨盐主要是磷酸盐，所以，除钙以外，磷是人体含量最多的成盐元素。成人体内为 600～900g，其中约 87.6%存在于骨骼和牙齿中。

二、生 理 功 能

1. 构成骨骼和牙齿的无机盐。
2. 核酸、磷脂、磷蛋白及某些辅酶的组成成分，参与和调节体内生理功能。
3. 磷酸根是细胞内液的主要阴离子，可维持细胞的渗透压。磷酸盐组成缓冲对，维持体内的酸碱平衡。
4. 以磷酸高能键形式参与物质代谢和能量代谢，如 ATP、GTP、ADP 等。

三、食物来源和供给量

含磷食物非常广泛，如动物性食物中肉、蛋、鱼、虾、奶含磷丰富，植物性食物中豆类、杏仁、核桃、南瓜等也是磷的良好来源。

成人磷供给量是小于 700mg/d，因为磷广泛存在于各种食物中，只要膳食中蛋白质和钙充分，磷也能满足需要。磷的供给量与钙有关，我国建议成人钙：磷为（1.5～2.0）：1。磷的吸收率比钙高，故不易出现缺乏。

第四节 钾、钠和氯

钾、钠、氯和其他无机盐有很大的不同，功能也极为特殊。

一、含量和分布

正常人钾的含量为 45mmol/kg，98%在细胞内，只有 2%在细胞外。正常人体内的钠含量为 45～50mmol/kg，分布于细胞外液，40%～45%分布于骨组织，其余分布于细胞内液。氯主要分布于细胞外液，是细胞外液的主要阴离子。

二、生 理 功 能

1. 钾 是细胞内的主要阳离子，也是血液的主要成分。钾不仅维持细胞内液的渗透压和酸碱平衡，维持神经肌肉、心肌的兴奋性，而且还参与蛋白质、糖及能量代谢过程。

2. 钠 是细胞外液的主要阳离子，在维持细胞外液的渗透压和酸碱平衡中起主要作用，并对细胞的水分、渗透压、应激性、分泌和排泄等具有调节功能。

3. 氯 是细胞外液的主要阴离子，对维持细胞外液渗透压和酸碱平衡起主要作用，并是合成胃酸的原料，也是唾液淀粉酶的激活剂，能促进唾液分泌，增进食欲。

三、食物来源与需要量

正常成人每日钾的需要量约为 2.5g，所需钾来自蔬菜、水果、谷类、薯类等食物，日常膳食就能满足机体对钾的需要量。但饮食中缺乏蛋白质的儿童，可能发生低钾血症。血钾降低常是药物的利尿作用造成的，特别是使用噻嗪类利尿剂、长期应用肾上腺皮质激素及泻剂等，血钾降低的最严重后果是心律失常和神经肌肉病变。但高钾血症的常见原因是肾脏排钾障碍、肾上腺皮质功能减退、维生素 K 补充失当、应用醛固酮拮抗剂等，最严重的后果是导致心律失常和心脏骤停，其他症状还有软弱无力和感觉异常等。

人体每日摄入的钠和氯主要来自食盐，成人每日氯化钠的需要量为 3～6g，在无盐、运动量大、出汗多或严重腹泻情况下，需要适当补充，可用 3%淡盐水直接补充。

四、缺乏的原因

世界卫生组织和我国的调查显示，食盐的摄入量与高血压发病呈正相关。低钠血症是血钠<135nmol/L，通常指合并有细胞外液渗透压过低的情况（摄入不足、严重腹泻、利尿过度等因素引起）。血钠下降是造成细胞外液渗透压下降，水分从细胞外进入细胞内，导致细胞水肿，特别是脑细胞水肿的主要原因。急剧出现的低钠血症常可引起明显神经系统症状。血钠水平<125nmol/L 时常有恶心、不适，115～120nmol/L 时则有头痛、乏力、意识

迟钝等。血钠进一步下降则可出现一系列严重症状，包括神经异常抽搐、昏迷等。常见引起体内血钠降低的原因有：

1. 进食少，摄入不足。
2. 不恰当地使用利尿剂。
3. 严重心力衰竭，肾功能不全，肝硬化腹水。
4. 肾上腺皮质功能低下。
5. 抗利尿激素分泌过多等（由脑炎、脑血管意外等造成）。

食物中无机盐的含量比较丰富，一般都能满足机体的需要。微量元素的补充主要依靠食物，因各种食品含微量元素多少不同，为了防止微量元素缺乏，应增加食物的种类，不能偏食、挑食，只有丰富多样的饮食，才能维持体内微量元素含量的正常与均衡。当膳食调配不良或患有某些疾病时，易造成缺乏症，从实验营养学观点出发，比较容易缺乏的是钙和铁，在特殊地区或其他特殊条件下，也可能造成碘、锌、硒的缺乏，但也应该注意某些元素摄入过量会发生中毒。

关于无机盐在人体中的作用，我们应该辩证地看待。人体和地球一样，都是由各种化学元素组成的。存在于地壳表层的多种元素均存在于人体组织中。根据元素在机体内的含量，可划分为常量与微量两种。

另外，根据机体对微量元素的需要情况，微量元素又分为必需微量元素和非必需微量元素。维持人体正常生命活动的不可缺少的元素称为必需微量元素。所谓不可缺少，并非指缺少将危及生命、不能生存，而是指缺乏时会引起机体生理功能及结构异常，导致疾病发生。

目前尚未明确其生物学作用也未发现重要性的元素称为非必需微量元素。将微量元素分为必需和非必需、有毒或无毒元素，只有相对的意义。因为即使同一种微量元素，低浓度时是有益的，高浓度时则可能是有害的，同时不是以任何浓度使用微量元素都是安全的，因此，今后应对微量元素的生物学作用及其安全性浓度进行更深入的探讨，以防止盲目摄入过多的必需微量元素或在膳食中去除某种可能有用的元素。随着研究的深入，将会发现一些“非必需微量元素”甚至“有害元素”可能具有一定的生物学作用，甚至发现可能是必需的元素。

第十章 水

水是生命存在的基本条件，也是生命结构的基本成分。水占人体重量的 60%～70%。正常情况下，人一旦失去 2%的水分就会感到口渴，失去 10%的水分就会因代谢功能衰竭而出现昏迷，失去 20%的水就会危及生命。

人们咀嚼食物需要唾液，消化食物需要胃液、肠液、胆汁等，这些消化液绝大部分都是由水组成。人体在整个新陈代谢过程中，所产生的有害物质和废物排出体外，如大便、小便、汗液等，都需要有水才能进行。人体如果没有水，则养分无法吸收和输送，废物不能排出，血液不能循环，体温不能调节，体内各项生理活动无法进行。水参与了生物体内所有的生理生化过程，生物体内缺水达一定程度，新陈代谢就无法进行。因此水是生命之源，和阳光一样，是生命不可缺少的最基本、最必需的营养物质。

第一节 水在人体内的功能

人们对水极为熟悉，也知道水是人体的重要组成部分，但却通常忽略了水也是人体需要的七大营养成分之一，而且是含量最多的。

一、构成人体组织

水在人体内的含量随年龄、性别而异。年幼者含水量高，随着年龄增长，水分相应减少。脑细胞大约含有 85%的水，血液大约含有 90%的水，肌肉、神经、内脏、结缔组织含水 60%～80%。脂肪组织含水 30%以下，看起来与水无关的骨骼也含有 20%以上的水。

二、参与物质代谢

水是良好的溶剂，许多营养物质必须溶于水才能发生代谢反应，水的电解常数高，可促进电解质的解离。人体内许多物质只有解离成离子状态才能发挥生物学作用。水在体内还可直接参加一些代谢反应，如水解、氧化还原等；水还参与排泄废物（如大小便、呼吸蒸发等）。总之，水在体内参与各种生理活动和代谢反应都是维持生命的主要过程，没有水，生命就无法存在。

三、运 输 载 体

水有流动性，在消化、吸收、循环和排泄过程中充当载体，并有运输功能，如消化物的吸收和转运。水还参与血液循环，将废物排出体外等。

四、调节体温

水的比热容大，蒸发量也大，这一性质有利于人体在环境温度高时通过蒸发散热来维持体温的正常；由于水的比热容大，使血液流经体表部位时，不会因环境温度的差异导致血液温度发生大的改变，有利于保持体温恒定。

五、滋润、润滑作用

机体足够的水分能使皮肤滋润，使人显得水灵。体内缺水了，不仅影响新陈代谢，使皮肤失去光泽，人也会显得干瘪和苍白。老年人的皮肤皱纹逐渐增多、加深的原因之一就是老年性营养缺乏、失水、皮脂腺逐渐减少引起的皮肤干燥。一个体液正常的老人，皱纹及老年斑就会相对减少，衰老过程也会缓慢很多。

水作为关节、肌肉和脏器的润滑剂，可维护其正常功能，如唾液有助于吞咽食物，泪液可防止眼球干燥，关节液可减少运动时关节之间的摩擦等。

第二节　水平衡

水和其他营养成分一样，在满足机体需要的同时，也必须保持动态的平衡。

一、水的平衡

人体正常情况下每天经皮肤、呼吸道、尿液和粪便等形式把体内一部分水分排出体外。同时通过摄取食物、饮料等方法补充机体损失的水分。当排出体外的水和摄入体内的水量平衡时称为“水平衡”。肾是排出水的主要器官，肾在排水的同时对水还有重吸收作用。通过重吸收，也可以调节水平衡。正常人 24 小时内排出的水分因饮食状况、气候环境、劳动强度等多种因素的影响，一般为 2500ml 左右。

二、水的来源

要维持体内水的平衡，不断地补充水是必要的。体内水的来源主要有三方面：

1. 碳水化合物、脂肪、蛋白质三大物质代谢过程中产生的水分（代谢水）。

2. 食物中含有的水分（食物水）。

3. 每天喝的水（饮水）。其中饮水是机体补水的主要来源，代谢水和食物水的变动较小。所以饮水是调节水平衡的主要方式。饮水时以少量、多次、饮用至无口渴感为适宜，一天为 5～6 杯（1200～1500ml）。当然饮水量与季节、活动量等造成排汗多少也有关。

三、水的缺乏

水的摄入与排出应保持平衡，否则会出现机体内水分过多或过少引发的疾病。在水分摄入不足、大量出汗、腹泻等情况下，均可引起体内缺水。人体缺水或失水过多时会使血液浓缩、黏滞度增高，不利于血液循环及营养物的吸收，表现出口渴、黏膜干燥、消化腺分泌减少、食欲减退、精神不振、身体乏力等症状。体内缺水了，不仅影响新陈代谢，还会影响容貌，使皮肤失去光泽，老年人还易形成血栓。

因此，人体每日必须摄入足量的水，以保证各种生命活动的正常进行。从某种程度上说，水比食物更重要。人不吃食物，大约存活 2 周甚至更久，但是没有水，生命维持不了几天。但是，如果水喝得太多、太急，也会引起电解质不平衡（钠离子、钾离子流失）、水溶性维生素（如B族维生素及维生素C）流失、冲淡消化液等问题。

第三节 科学的饮水方式

我们已经知晓水的重要性和生理功能，但如何饮用水也很重要，如果饮用水的方法有误，也同样会给机体带来健康隐患，甚至危及生命。

一、保证饮水量

每日摄入的水量与机体排出的水量应保持动态平衡，量出而入，即需要多少喝多少。那么，正常人每天喝多少水才恰当呢？科学研究指出，健康成年人每天需要补充2000ml左右的水分，但2000ml水分不一定都由喝水获得，而应该把食物里摄入的水分算进去，其实，我们每天吃的各种食物内含很多水分。例如，蔬菜、水果90%以上是水，而像鸡蛋、鱼类中也有大约75%的水。粗略估计，我们吃一餐饭，至少可以由食物或汤里摄取到300～400ml的水。因此，根据饮食情况，扣除三餐中由食物摄取的1000～1200ml水分，我们每天只需要喝1200～1500ml（5杯左右）水，就能基本达到水平衡的要求。但在特殊情况下，如在炎热、高温和体力活动量大的情况下，饮水量应相应增加。老年人因血黏度增高，也要适当增加饮水量。发热、呕吐、腹泻、痛风（嘌呤分解产生的高浓度尿酸在骨骼组织沉积时引起的炎症）、肾结石等患者必须增加饮水量，对急性脱水性疾病患者要补充糖盐水（约0.3%），以防止电解质紊乱。

总之，喝水和摄取热量一样，应量出而入，需要多少就补充多少，以免造成可溶性营养素的损失。美国纽约州立大学研究人员的一项研究表明，每天饮用水过多会增加患膀胱癌的危险性。另外，医学专家通过研究发现，饮水过多会冲淡血液，使全身细胞的氧交换能力受到影响。特别是细胞一旦缺氧，人就会变得迟钝。另外，饮水过多，会增加心脏、肾脏等器官的负担，也可能引起不良结果。

二、“渴了再喝水”是错误的饮水观念

口渴是体内缺水的生理反应，说明体内水分已经失衡，口渴是大脑中枢发出要求补充水分的信号，是机体开始脱水的警钟。所以，不要等到口渴时再喝水，要每隔一段时间就喝一次水，及时补充体内水分。

美国科学家通过调查发现，高达半数以上的人，长期处于不同程度的脱水状态。因为他们都是感到口渴时才喝水，实际上，口渴时再喝水已经为时过晚。人长期处于慢性脱水状态就会导致头昏、疲劳、食欲减退等症状。更严重的是长期慢性脱水还会诱发多种疾病，尤其是人的脑部，含水量均高于人体其他组织，学生如果饮水不足、长期脱水，就会产生上课疲劳、精神不集中、记忆力下降等现象。所以我们应养成随时主动饮水的习惯。另外，老年人的感观趋于迟钝，如果不注意饮水，体内长时间缺水易导致严重疾病，因此更应主动饮水。注意不要暴饮，因为一次饮水过量就可能引起水中毒。

三、科学饮水时间

喝水的时间是有讲究的，最好像吃饭一样，一日喝4～5次，以保证体液正常生理功能。

1. 早起即喝水 早起饮水一杯是有很多好处的，不仅可以补充身体一夜的水分消耗，

还能冲洗消化道，促进消化液的分泌，增加食欲，同时还可以刺激胃肠蠕动，有利于定时排便，夜间新陈代谢趋于缓慢，血液流动也相对减慢，血液易黏稠，清晨饮水能降低血液黏稠度，预防高血脂、高血压、高胆固醇。

日本有人曾经做过一次老年人流行病学调查，460 名 65 岁的老人，坚持 5 年每天清晨喝一杯凉开水，84%被调查的老人都面色红润、精神饱满。由此可见，早起饮水对健康有利。

2. 睡前要喝水 近年来，美国和日本学者发现，常有患者猝死于清晨，其中不可忽视的一个因素就是人在夜间不吃不喝，并在呼吸、出汗和排尿等新陈代谢过程中消耗了大量水分。清晨机体相对缺水，易造成血液浓缩，使血黏滞度升高、血小板凝聚能力增强，从而引发血栓的形成，这是高血压、冠心病、脑血管障碍患者发生心肌梗死和脑血管意外的导火线。因此，心脑血管疾病患者，特别是老年人，应在睡前适度补充水分，使黏滞的血液稀释，促进血液的正常流动。

3. 饭前喝少量水或汤 俗话说，“饭前先喝汤，老来不受伤”。每次进食前应少量喝一点水（半杯）或汤，可以保证分泌足够的消化液，从而促进食欲。把整个消化器官调动起来，充分发挥消化液的功能，因为水可以溶解食物，并促进胃蠕动，把食物变成食糜，有利于消化吸收。另外，饭前喝汤还具有减肥作用。广东人肥胖者少，饭前喝汤是原因之一。

4. 两顿饭之间适当喝水 其他时间可以少量、多次补充水分，并且以饮用白开水为主。午休后可以饮两杯绿茶，因为午休后精神不振，绿茶有健脑提神、润肺生津、解渴利尿的功能。

四、饮水禁忌

喝水也很有讲究，尤其要知道什么水可以喝，什么水不能喝，更不能长期喝。

1. 老化水 俗称“死水”，就是长时间储存不动的水。常饮用这种水，对未成年人来说，会致细胞新陈代谢明显减慢，影响身体生长发育，中年人则会加速衰老。有资料表明，一些地区食管癌、胃癌发病率日益升高，可能与长期饮用老化水有关。原因是老化水中有害物质随储水时间延长而增加。

2. 不开的水 人们饮用的自来水，都经氯气消毒灭菌处理过。氯气处理的水中可分离出多种有害物质，其中卤代烃、氯仿还具有致癌、致畸作用。当水温达到 90℃时，卤代烃含量由原来的 53μg/kg 上升到 177μg/kg，超过国家饮用水卫生标准的 2 倍。专家指出，饮用未煮沸的水，患膀胱癌、直肠癌的可能性增加 21%～38%，当水温达到 100℃时，这两种有害物质则会随蒸汽蒸发而大大减少，如继续沸腾 1 分钟，则饮用更安全。

3. 千滚水、蒸锅水、重新煮开的水 千滚水就是在火炉上沸腾了很长时间的水，蒸锅水就是蒸馒头的剩锅水，重新煮开的水就是把热水瓶中的剩余温水重新烧开的水。这三种水中不挥发性物质如钙、镁等金属成分和亚硝酸盐含量增高，常喝这些水会对机体造成伤害和产生毒性。

要注意饮水机内的千滚水。饮水机中水的加热是通过内置热胆来完成的，热胆材料多为不锈钢或铝壳，饮用水在热胆中反复加热后会形成千滚水。经检验，水中的铁、铝、铵和亚硝酸盐明显增加，如果内胆超过 3 个月不清洗，还会产生大量的细菌、残渣等附着在热胆内壁上，成为有害的添加物。

4. 不能长期饮用纯净水 纯净水口感好、发甜，是一种经过特殊处理，过滤装置加工生产的饮用水。纯净水一方面过滤掉了水中一些有毒有害物质，但另一方面，也过滤掉了对人体有益的无机盐，如钙、镁等。长期饮用纯净水会影响人体内的酸碱平衡，影响肌肉和多种酶的活性，降低人体免疫力。

5. 不能喝太烫的水 太烫的水会烫伤消化道，喝烫水（或汤、饭）会造成食管损伤，久而久之可形成食管癌。

第四节 水杯的学问

喝水是门学问，用错水杯危害甚大。生活水平的提高，物质生活的极大丰富，使水杯的材质五花八门，用错水杯导致癌症发生的现象也越来越受到人们的关注。

一、别用金属材质的杯子喝咖啡

金属材质的杯子，如不锈钢等，价格较陶瓷杯子要贵。搪瓷杯构成中含有的金属元素通常状况下比较稳定，但在酸性环境下，有可能溶出，所以不锈钢和搪瓷杯等用于喝咖啡、橙汁等酸性饮料并不安全。

二、一次性纸杯暗藏潜在致癌物

从环保的角度来讲，应该尽可能少用一次性纸杯。首先，有的纸杯生产厂家为使杯子看上去更白，加入大量荧光增白剂，而就是这种荧光物质可使细胞产生变异，一旦进入人体就会成为潜在的致癌因素；其次，那些不合格的纸杯一般杯身都很软，倒入水后容易变形，有的纸杯则密封性差，杯底容易渗水，这都很容易让热水烫伤手；更有甚者，当你用手轻轻触摸纸杯内侧，能感觉到上面粘着细细的粉末，手指的触摸处也会变成白色，这是典型的劣质纸杯。

三、塑料杯最易藏污纳垢

塑料杯应该也是不受欢迎的一种。因为塑料中常添加有增塑剂，其中含有一些有毒的化学物质，用塑料杯盛热水或开水的时候，有毒的化学物质就很容易稀释到水中，并且塑料的内部微观构造有很多的孔隙，其中隐藏着污物，清洗不净就容易滋生细菌。所以，在选购塑料杯时，一定要选择符合国家标准的食用级塑料所制的水杯。

四、使用五彩杯，当心重金属中毒

五颜六色的杯子很吸引人，但最好别用。因为在鲜艳的颜料里藏着巨大的安全隐患，尤其是内壁涂有釉的杯子，当盛入开水或者酸、碱性偏高的饮料时，这些颜料中的铅等有毒重金属元素就容易溶解，人们饮进带有有毒化学物质的液体就会对人体造成危害。

五、相对健康的材质——玻璃杯

在所有材质的杯子里，玻璃杯是相对健康的。玻璃杯在烧制的过程中不含有害化学物质，当人们用玻璃杯喝水或其他饮品的时候，不必担心有害化学物质会被喝进肚子里去，而且玻璃杯表面光滑，容易清洗，细菌和污垢不容易在杯壁滋生，所以人们用玻璃杯喝水是相对健康、安全的。

玻璃杯虽然不含化学物质，且易于清洗，但因为玻璃材质导热性强，杯体容易发烫，如果水温过高，还可能导致杯子爆裂，需尽量避免盛装太烫的水。

六、无彩釉涂染的陶瓷杯

喝水也可首选无彩釉涂染的陶瓷杯，尤其是内壁无色的，不仅材质安全，能耐高温，还有相对较好的保温效果，喝热水或喝茶都是不错的选择。

第十一章　食物的能量和营养价值

食物的能量和营养价值是营养学的基本问题。生命过程依靠食物供给，能量平衡是维持人体正常发育和健康的主要保证。食物的种类、状态、加工方法等决定其营养价值的高低，通过对能量和食物营养价值的统计，可以使我们对营养物的理解更加透彻，从而根据自己的身体状况，进行科学的营养补偿，以保证机体营养的需要。

第一节　能量——生命活动的动力

我们机体每时每刻都在消耗能量，一切生命活动，如营养物质消化吸收、血液循环、呼吸、心脏跳动、神经传导、组织更新、排泄废物等都需要消耗能量。另外，人类的生活过程，如脑力劳动、体力劳动、运动锻炼等也需要消耗大量能量。因此，人类必须不断补充能量来满足生命和生活的需要，能量是一切生命活动的动力。

一、生热营养素

能量的来源主要是食物，其中的碳水化合物、脂肪和蛋白质是人类的主要产能营养素。这三大营养素又称为“生热营养素”。这些营养素在体内通过生物氧化释放能量，一部分用于维持体温，一部分形成三磷酸腺苷（ATP），在高能的磷酸键中储存。ATP 在生命活动需要时释放能量供给机体利用。

三大产能营养素在体内有其各自的生理功能，且又相互影响。在总能量的供给中需要合适的比例。一般成年人的膳食中，三种营养素的供能比例为碳水化合物 60%～70%，脂肪 20%～25%，蛋白质 10%～15%，年龄越小，蛋白质和脂肪供给能量占的比例越大。人体能量的需要量因人而异，受年龄、性别、生理特点、工作性质、劳动强度等因素的影响。

二、能量单位和能量系数

1. 能量单位　国际能量单位是焦耳（J）、千焦（kJ）或兆焦（MJ）。根据营养学过去的习惯，常用能量单位为卡（cal）或千卡（kcal）。其换算关系：

1MJ（兆焦）=1000kJ=10^6J

1kcal=4.184kJ

1kJ=0.239kcal

2. 能量系数　每克营养素在体内氧化产生的热能值称为能量系数（或热能系数）。每克碳水化合物、脂肪和蛋白质在弹式量热计中完全氧化所产生的热能值分别为：

碳水化合物：17.15kJ（4.10kcal）。

脂肪：39.54kJ（9.45kcal）。

蛋白质：23.64kJ（5.65kcal）。

碳水化合物和脂肪在体内可以完全被氧化为 CO_2 和 H_2O，所产生的热量与量热计所测热量相同。蛋白质在体内不能完全氧化，其最终产物除 CO_2 和 H_2O 外，还有不能再进行分解的尿素、肌酐、尿酸等含氮物需被排出体外。每克蛋白质产生的含氮物在量热计中还可产生 5.44kJ（1.30kcal）热量，计算能量系数时应予以扣除。此外，三种营养素在消化吸收过程中所造成的损失也应该减去。碳水化合物、脂肪和蛋白质的消化吸收率估计分别为 98%、95%和 92%。故三大营养素在体内的实际能量系数为：

碳水化合物：17.15kJ×98%=16.8kJ（4kcal）。

脂肪：39.54kJ×95%=37.6kJ（9kcal）。

蛋白质：（23.64–5.44）kJ×92%=16.7kJ（4kcal）。

由此可见，碳水化合物和蛋白质的能量系数相近，而脂肪的能量系数是它们的一倍多。说明同量的产能营养素，脂肪产能最高。需要指出的是，若是以植物性食物为主的膳食结构，其消化吸收率低于上述估计值，则能量系数会有所下降，尤其是蛋白质。

三、能 量 消 耗

人体所需能量，是食物中的营养物质在体内代谢过程中产生的。供给能量的营养素和水加在一起，几乎占人体每日膳食的总量。除呼吸、心跳、循环等生命活动外，还有脑力劳动和体力劳动，这些活动的能量消耗主要有以下几方面。

1. 基础代谢 是维持人体基本生命活动的能量，即在无任何体力和紧张思维活动、全身肌肉较松弛、消化系统处于相对静止状态下，用以维持体温和人体必要的生理功能（呼吸、心跳、血液循环等基本生理活动）所需能量。此时消耗的能量是机体维持生命活动所必需的最低能量。

（1）基础代谢率：基础代谢的测定应在清晨、空腹、静卧及清醒状态下进行。而且室温保持在 18～25℃。研究结果表明，人体的基础代谢与体表面积成正比。所以，单位时间内人体每平方米体表面积所消耗的基础代谢能被称为基础代谢率，单位为 kJ/（$m^2 \cdot h$）。不同年龄、不同性别的基础代谢率不同。

（2）基础代谢所需能量：因为体表面积大者向环境散热较快，所以基础代谢能较高；反之基础代谢能较低。不同性别、年龄的人体，基础代谢能不同。

2. 体力活动的能量消耗 在人体能量消耗中占主要部分。体力活动所需要的能量取决于活动的类型、持续的时间和强度。体力活动一般分为职业活动、社会活动、家务活动和休闲活动等。其中职业活动消耗能量的差别最大。

（1）极轻体力劳动：指主要从事坐姿的动作，如办公、开会、读书，装配或修理钟表、收音机等。

（2）轻体力劳动：主要是以站立为主的工作，如售货、讲课等。

（3）中等体力劳动：如重型机械操作，电工、驾驶员进行的活动等。

（4）重体力劳动：如农业劳动、车床操作、炼钢等。

（5）极重体力劳动：如非机械装卸工作、伐木、铸造、采矿和开荒等。

3. 食物的特殊动力作用 人体因为摄食引起的一种额外的能量消耗，是食物消化、转运、储存和排泄的过程，即代谢本身能量消耗的结果。这种能量消耗占混合膳食的 10%，高糖膳食约为 8%，高蛋白质膳食约为 15%。

4. 生长发育的能量消耗　处在生长发育阶段的婴幼儿、儿童、少年一天的能量消耗还应包括生长发育所需的能量。1 岁以内的婴儿生长最快，生长发育所需的能量占总能量的25%～30%。新生儿按每千克体重计算时，比成人多消耗 2～3 倍的能量。有研究表明，每增加 1g 新组织约需 20kJ（4.78kcal）能量。孕妇和乳母也要考虑孕育胎儿和分泌乳汁所消耗的能量。

5. 能量消耗的其他因素

（1）精神紧张及应激状态：可致人的能量消耗增加，在较高应激状态时，基础代谢可提高 25%（应激是指机体在受到各种内外环境因素刺激时所出现的非特异性全身反应，应激时会出现以交感神经、肾上腺皮质兴奋为主的神经内分泌反应及一系列功能代谢的变化）。

（2）寒冷可致能量消耗增加 2%～5%。高温条件下（30～40℃）能量消耗也增加，从30～40℃每升高 1℃约增加 0.5%的能量消耗，但在热带中生活已经适应者，其基础代谢率比在寒带中生活的人要低。

（3）机体发热时，基础代谢率升高，体温到 39℃时，基础代谢可增加 28%。以上这些引起机体能量消耗增加的因素又称为“兼生热作用”。

四、热能供给量

关于热能供给量具体标准见中国营养学会推荐的营养素供给量标准（表 11-1）。

表 11-1　我国人民每日膳食中热能供给量

年龄状态	劳动情况/年龄	热能/kJ（kcal）
成年男子（体重 65kg）	极轻体力劳动	10 041.6（2400）
	轻体力劳动	10 878.4（2600）
	中等体力劳动	12 552.0（3000）
	重体力劳动	15 062.4（3600）
	极重体力劳动	17 572.8（4200）
成年女子（体重 55kg）	极轻体力劳动	9204.8（2200）
	轻体力劳动	10 041.6（2400）
	中等体力劳动	11 715.2（2800）
	重体力劳动	14 225.6（3400）
	极重体力劳动，孕妇后 5 个月	+1255.2（+300）
	乳母，1 年内	+4184（+1000）
少年女子	16～19 岁（体重 50kg）	11 296.8（2700）
	13～15 岁（体重 42kg）	10 446.0（2500）
	10～13 岁	9623.2（2300）
	7～10 岁	8363.0（2000）
儿童（不分性别）	5～7 岁	6694.4（1600）
	3～5 岁	5837.6（1400）
	2～3 岁	5020.8（1200）
	1～2 岁	4602.4（1000）
	1 岁以下	每千克体重 418.4（100）
	6 个月以下	每千克体重 502.1（120）

超过表中年龄范围者应适当减少热能供给量，校正的原则：40～49 岁减 5%，50～59 岁减 10%，60～69 岁减 20%，70 岁及以上减 30%。

五、能量消耗的测定

测定人体能量消耗的意义，是为合理供给能量提供依据。能量消耗的测定方法有很多，可根据具体条件和需要选择测定方法。

1. 直接测热和间接测热 两者都是用仪器测定人体散发热能的方法，或通过耗氧量推算热能消耗。随着科学技术的发展，可直接用精密仪器通过心率推算耗氧量。

2. 生活观察法 通过详细观察，记录一天内各种活动的内容及时间，然后把各项活动的热能消耗率[单位：kJ/（cm^2·min）]乘以从事该活动所占用的时间和体表面积，最后将 24 小时中活动能量消耗相加，就得出一天的能量消耗。在此基础上再加上 10%的食物特殊动力作用所耗的热量，就是一天的热量需要量。采用观察法观察的天数越多，代表性越强，偏差越小。观察法简单易行，但要求受试者密切配合，各项活动需计时准确，否则会影响测试结果。

3. 体重平衡法 此法只适用于健康成年人，健康成年人发育成熟，机体健全的能量平衡调节机制使能量的摄入与消耗相适应。因此，精确地计算出一定时期（连续 15 天以上）所摄入的食物热量，并测定此时期始末的体重，根据每克体重相当于 33.48kJ/g 热量计算，即可得出此时期的能量消耗。

例如：某人在 15 天测试期始末，体重分别为 60kg 与 61.5kg，平均每天增加 100g 体重，说明每天摄入的热量比消耗的热量多 33.48kJ/g×100g=3348kJ。若此人每天摄入的热量为 15 066kJ，则每天的消耗实际上应为 15 066kJ–3348kJ=11 718kJ。

经常测量体重是监测能量是否平衡的最简单的方法。如果体重恒定或相当于标准体重，说明这段时间能量摄入平衡，即摄入量和消耗量大致相等。若体重有所增加，说明摄入大于消耗，过剩的能量以脂肪的形式在体内堆积。如果在没有疾病的情况下体重减少，说明能量的摄入低于消耗，只能消耗体内的脂肪来满足所需能量。我国成人标准体重参考公式：

标准体重（kg）=身高（cm）–105

如实测体重为标准体重±10%，属于正常；为±（10%～20%）属趋高或趋低，如果超过 20%就属于肥胖。如果成年健康女性身高 165cm，其标准体重应为 60kg。若体重在 54～66kg，属于正常，超出或低于这个范围都不能算能量摄入平衡，应设法在饮食中适当调节。

4. 估计法 测定能量消耗最简单的方法是估计法。此法根据受试者的劳动级别查出营养素供给量标准中每日能量的需要量。如某轻体力劳动成年男性，每日热能需要量为 10.88MJ 等。

六、能 量 平 衡

所谓能量平衡，即机体消耗和摄入的能量趋于相等。能量平衡是营养学中一个最基本的问题，也是评价营养状况最主要的指标。当热量的摄入与消耗量相当时，体内能量平衡，人体的体重保持恒定；当热能摄入量大于消耗量时，体重和体脂会增加；热能摄入量小于消耗量时，则体重会减轻。两种能量不平衡的状态均有损于健康。

长期能量摄入不足，会动用机体储备的糖原及脂肪，引起营养不良。临床主要表现为消瘦、贫血、神经衰弱、皮肤干燥、脉搏缓慢、工作能力下降、体温低、抵抗力低，儿童生长停滞等。

长期能量摄入过多，会造成人体超重或肥胖，血糖升高，脂肪堆积，肝脂肪增加，肝功能下降；过度肥胖还会造成肺功能下降，引起组织缺氧。肥胖的并发症主要有脂肪肝、糖尿病、高血压、心脑血管疾病及某些癌症等。

造成热能不平衡的原因主要有两个方面：一是饮食，二是运动。就个体而言，热能不平衡可能是饮食热能过剩或不足，也可能是运动不足或运动过度。当然，某些疾病也可能造成热能失去平衡。为了避免热能摄入过多或减少对机体造成损害，要注意保持热量的收支平衡，定期观察体重变化是检验热能收支平衡最简便的方法。通过饮食调节和体育运动保持体重稳定，也是最有效的热能平衡调节手段。

第二节　食物的营养价值

食物的营养价值指的是食物中所含营养素和能量能满足人体营养需要的程度。食物营养价值的高低，取决于食物食用中所含营养素的种类是否齐全、数量的多少及其相互比例是否合适。在自然界，可供人类食用的食品种类繁多，但是除母乳能满足 0～6 个月婴儿的全部营养素外，没有哪一种食品含有人体所需要的全部营养素。为了满足机体需要，最好的方法是将多种食品搭配食用。如果营养素搭配合理，利用得当，就能保证人体正常的生长发育与健康；反之，就可能因某些营养素不足或缺乏造成营养缺乏症。因此，了解各种食品的营养价值及各种营养素的含量成分等方面的知识，是均衡膳食、合理营养的基础。通过合理挑选与搭配各种食品，合理的烹调，才能发挥食物的最大营养作用，保证营养平衡，满足机体需要。下面介绍各类食物的营养价值。

一、谷　　类

谷类包括大米、小米、大麦、小麦、玉米、荞麦、高粱等。在我国人们的膳食结构中，谷类食物是热能的主要来源。人体每日摄取热能的 55%～70%是由谷类食品提供的。谷类也是蛋白质、B 族维生素和无机盐的主要来源。

1. 谷类营养素的分布　谷类种子的形态及大小有所不同，但都有相类似的结构，一般可分为种皮、胚乳和胚芽三部分，种皮和胚乳之间称糊粉层，其营养分布分别为：

（1）种皮：主要由纤维素、半纤维素与木质素构成，并含有少量蛋白质、脂肪和 B 族维生素。种皮与胚乳之间的糊粉层则含有较多蛋白质、脂肪与碳水化合物，无机盐的含量也较高。

（2）胚乳：整个谷粒所含的淀粉几乎全部集中在胚乳中，其次为蛋白质，为谷粒含量的 3/4 左右，而脂肪、无机盐及粗纤维都很少。

（3）胚芽：位于谷粒的一端，含有丰富的脂肪、蛋白质（各种酶）、纤维素、可溶性糖和维生素及无机盐。胚芽在淀粉加工中容易与胚乳分离而混入糠麸中。

2. 谷类的营养价值　粮食籽粒中各种营养素的含量，受品种、土地、气候等情况影响有较大差别，不同种类的粮食差别很大。我们主要以大米和小麦为例，将谷类主要营养素分析如下：

（1）碳水化合物的含量：谷类中碳水化合物的含量为 70%～80%，其主要成分是淀粉，主要集中在胚乳中，淀粉在烹调加工后容易吸收，是机体最理想、最经济的热能来源。

（2）维生素：谷类是人类膳食中 B 族维生素，特别是维生素 B_1、泛酸、维生素 B_5 的主要来源，主要集中在谷皮、糊粉层和胚芽中，在加工过程中易丢失。

（3）蛋白质：谷类蛋白质的含量，稻米约为 8%，小麦约为 10%。稻米中的蛋白质数量不多，但质量很好，尤其是谷胚与糊粉层中的蛋白质营养价值较高。所以加工精细的米面中蛋白质含量降低。谷类蛋白质所含的必需氨基酸较动物性食品低，玉米、高粱、小米、面粉等食物，在必需氨基酸的比例上有较大的缺陷，如面粉含赖氨酸低；玉米含色氨酸明显偏低，但含赖氨酸却稍高；小米含赖氨酸特别低，但含色氨酸却较高。因此，谷类蛋白质的营养价值较差，但如果米面与杂粮混合食用，就可发挥互补作用，提高蛋白质的营养价值。

（4）脂肪：谷类的脂肪含量很少，除玉米和小米可达 4%外，其他约占总量的 2%。主要是三酰甘油、少量的植物固醇和卵磷脂。玉米和小麦胚芽所含的脂肪 80%为不饱和脂肪酸，其中 60%是人体必需的亚油酸，所以胚芽油是一种营养价值很高的食用油，近几年国内外利用胚芽油在预防脂肪肝、动脉粥样硬化及降低血清胆固醇等方面取得了一定效果。

（5）无机盐：总量占 1.5%～5.5%，主要成分分布在谷皮和糊粉层中，其中以磷的含量最多，约为无机盐总量的一半。多以植酸（肌醇六磷酸酯）、钙镁复盐形式存在，由于结合紧密，所以影响膳食中钙、镁、锌等元素的吸收利用。谷类中铁含量不高，且吸收率也低。

二、豆类及其制品

豆类品种很多，根据其营养成分，大致分为两类，一类是大豆（黄大豆、黑大豆、青大豆），一类是杂豆（豌豆、蚕豆、绿豆、豇豆、赤小豆和芸豆）。其中大豆产量大，食用普遍，营养价值也很高。大豆类食物提供的蛋白质、脂肪和钙较其他杂粮等高出数倍。因此，充分开发、利用豆类食物，对改善我国人民膳食与营养状况、补充蛋白质来源、增进健康有极其重要的意义。

1. 大豆的营养价值

（1）蛋白质：大豆平均含量为 30%～40%，是粮食类的 3～5 倍，其氨基酸组成和比例较适合于人体需要，其中特别丰富的是赖氨酸和亮氨酸，只是蛋氨酸略低，其余氨基酸较接近人体需要的比例，是植物蛋白理想补充品。大豆蛋白质中丰富的天冬氨酸、谷氨酸和微量胆碱，有促进神经系统发育和增强记忆的作用。

蛋白质消化率因加工、烹调方法不同而有很大的区别，如煮整粒大豆蛋白质消化率为 65.3%，豆浆为 84.9%，豆腐为 92%～96%。

（2）脂类：大豆平均含脂肪为 18%（15%～20%），其中 85%为不饱和脂肪酸，饱和脂肪酸仅占 15.3%。脂肪酸中 55%为亚油酸，磷脂约占 1.5%，其中主要是大豆磷脂，卵磷脂约为 29%，脑磷脂为 31%。因此，大豆及其制品常被推荐为防治冠心病、高血压、动脉粥样硬化等疾病的理想食品。大豆油的天然抗氧化能力强，是少有的优质食物油。

（3）碳水化合物：豆粒重量的 1/4 左右为碳水化合物，其组成较为复杂，一半为纤维素、淀粉、阿拉伯胶、半乳糖等，另一半存在于大豆细胞壁中，为人体不能消化的寡糖，如棉籽糖、水苏糖。在肠道细菌作用下，豆类可发酵产气，称为胀气因素，可引起腹胀不适。整粒豆加热烘炒并不能去除胀气因素，但在分离蛋白、制成豆腐或黄豆发芽时，可部分减少。腐乳制作中，霉菌可以分解乳糖，使胀气因素不复存在。进行大豆营养价值计算时，碳水化合物应折半计算。

（4）无机盐与维生素：大豆含有丰富的无机盐，如钙、磷。钙的含量高于谷类，是发育期儿童和骨质疏松患者膳食钙的极好来源。此外，大豆维生素含量较丰富，胡萝卜素、维生素 B_1、维生素 B_2 和维生素 E 含量在植物性食物中也属较高，比粮食类食物多数倍甚至数十倍。

（5）植物雌激素：大豆等植物，其本身就含有大量的异黄酮活性成分，是天然的植物性雌激素，其结构与女性体内的雌激素相似，临床试验证实可防治与激素水平下降有关的病症，如更年期综合征、骨质疏松及血脂升高等，可以起到模拟、干扰、双向调节内分泌水平的生理生化作用，给广大女性追求健康、保健养颜、远离更年期烦恼带来了新的希望。植物雌激素还可以用来保护血管弹性、降低血管疾病的危险性。与药物雌激素相比，大豆中的异黄酮既安全又可靠，可以放心地长期使用，且在日常饮食中就可以保持补充。

2. 其他豆类的营养价值 其他豆类（杂豆）如豌豆、赤小豆、绿豆与蚕豆等，其组成成分与大豆类有较大不同，碳水化合物含量较高，为 45%～55%。蛋白质与脂肪含量低于大豆，分别为 25%与 1%左右。含有维生素和无机盐不同的豆也有不同的特点。

（1）豌豆：又名寒豆。干豆中蛋白质约为 25%，以球蛋白为主，白蛋白仅含少量。氨基酸组成中赖氨酸含量也较高，蛋氨酸相对较低。脂肪中以磷脂为主，但总量也仅占 1%左右。钙、磷、铁含量也较多。鲜豆中还含有维生素 C，未成熟的豌豆含有 7%左右的蔗糖，因而略有甜味。

（2）赤小豆：蛋白质与脂肪含量近于豌豆但稍低，也以球蛋白为主，赖氨酸相对较高，胱氨酸与蛋氨酸相对不足，碳水化合物较高，可达 55%，其中 1/2 以上是淀粉，其余为亚磺酸、半乳糖、蔗糖和糊精等。钙、磷与铁含量稍低于豌豆，但钾含量高达 860mg/100g。

（3）绿豆和蚕豆：绿豆含丰富的碳水化合物、蛋白质、多种维生素和无机盐，其组成与蚕豆相近，且均类似于赤小豆。绿豆淀粉中单糖、半乳糖、糊精和半纤维素所占比例较高，因此，用绿豆制成的粉丝有较好的韧性，久煮不易溶化。

中医认为，绿豆味甘，性寒，有清热解暑、消暑利尿等作用。

3. 豆制品的营养价值 豆制品主要以大豆为原料加工而成。我国人民传统食用的豆制品主要有豆腐及其制品、豆浆、豆芽及发酵豆制品等。

（1）豆腐：蛋白质含量为 6%～8%，脂肪为 1.8%～3.0%，碳水化合物为 2.8%～3.8%，豆腐干、豆腐丝、豆腐皮等蛋白质含量较高，达 17%～45%，加工中大部分纤维素、可溶性碳水化合物被去除，胀气因子（水苏糖和棉子糖等）明显降低，抗酶蛋白质被破坏，因此，其消化率明显提高。

（2）豆浆：根据其稀释程度，营养成分变化较大，一般一份豆浆加 8 份水制成稀豆浆，蛋白质可达 4%左右，且必需氨基酸含量较齐全。脂肪与碳水化合物含量分别在 1.8%与 1.5%左右，还含有一定量的无机盐和 B 族维生素，因此在某些营养成分方面不亚于鲜乳，其不足之处是蛋氨酸、脂肪和碳水化合物偏低，产热较少，另外钙、维生素 A 和维生素 D 也比鲜乳少。实际上，各种食物中的营养素含量是不均衡的（表 11-2）。

表 11-2 牛乳、人乳、豆浆营养素含量对比（100g）

项目	水分/g	蛋白质/g	脂肪/g	碳水化合物/g	热量/kJ	钙/mg	磷/mg	铁/mg	维生素 A /IU	维生素 B_1/μg	维生素 B_2/μg	维生素 B_5/mg
牛乳	87.0	3.5	4.0	6.0	280	120	93	6.2	140	0.04	0.13	0.2
人乳	97.6	1.5	3.7	6.9	280	34	15	0.1	250	0.01	0.04	0.1
豆浆	91.8	4.6	1.8	1.5	167	25	45	2.5	–	0.03	0.01	0.1

需要注意的是，在煮制豆浆时，要充分煮沸，进而破坏大豆中胰蛋白酶抑制剂，避免其对消化道刺激引起恶心、呕吐等症状，促进蛋白质消化吸收。

（3）豆芽：大豆、绿豆均可生豆芽。豆芽营养素种类几乎等同于大豆、绿豆，但发芽后的豆类淀粉可转化为单糖和低聚糖，故碳水化合物更易于消化吸收。发芽过程中，在酶的作用下，使无机盐和微生物大增。尤其是维生素 C，发芽前几乎为零，发芽后每 100g 可达 6～8mg。无机盐也由于分解植酸后钙、铁、锌等元素吸收率增强，对于缺乏新鲜蔬菜和水果的季节或地区，豆芽可作为补充维生素 C 和无机盐营养素的良好来源。

（4）发酵豆制品：经发酵加工的大豆制品，如豆豉、豆瓣酱、腐乳等，通过发酵等工艺处理后，其中蛋白质部分被分解，使得口感好，消化率也有所提高，一些营养素含量也稍有增加，如湖南豆豉铁和核黄素的含量均明显高于大豆含量。

三、蔬菜、水果

蔬菜、水果多属碱性食品，是多种维生素和无机盐的主要来源，在膳食中占有较大比例，在体内可以调节酸碱平衡和电解质平衡。蔬菜、水果中还含有纤维素、果胶、有机酸，能促进胃肠蠕动和消化液分泌。此外，蔬菜、水果还富含糖类、色素和芳香物质，可增进感观性状和食欲，使膳食多样化。因此，蔬菜、水果是维持机体健康所必需的营养食物。

1. 蔬菜的营养价值 蔬菜种类繁多，营养成分含量有较大差别。

（1）叶菜类：包括白菜、油菜、菠菜、卷心菜、苋菜、韭菜、芹菜、空心菜、茼蒿、雪菜等，主要提供胡萝卜素、维生素 C、维生素 B_2 和叶酸，也是机体铁、钙、磷等无机盐的主要来源。深色叶菜类含铁和叶酸较高，对贫血者、孕妇、乳母非常重要。菠菜、苋菜虽然含钙丰富，但其中草酸易与钙结合成难溶性草酸钙而影响钙的吸收，在饮食中应加以注意。叶菜类还是膳食纤维的主要来源。

（2）根茎类：有土豆、胡萝卜、白萝卜、莴笋、山药、甘薯、芋头、藕、洋葱等。其营养价值不如叶菜类，但也有其特点，土豆、藕、甘薯淀粉含量较多，被称为“植物面包”。胡萝卜中含有较多的胡萝卜素，还含有木质素，具有防癌和降压作用。

（3）瓜茄类：有冬瓜、南瓜、西葫芦、丝瓜、黄瓜、茄子、番茄和青椒等。其水分多，营养价值较低，但青椒含丰富的维生素 C 和胡萝卜素，茄子含维生素 E，番茄具有防癌抗癌、延缓衰老、预防心脏病等作用。番茄的这些功能源于其中所含的番茄红素，番茄红素消灭人体内游离自由基的能力超过其他 β-胡萝卜素的 2 倍多。有研究表明经常摄入番茄及其制品的人患前列腺癌和消化道癌的概率较小。此外，番茄红素比 β-胡萝卜素更能抵抗酒精和尼古丁，番茄红素与其他的类胡萝卜素一样，可与大分子物质紧密结合在一起导致吸收困难，食用时应加少许烹调油或加热以促进番茄红素的释放，从而提高肠道对其的吸收率。

（4）鲜豆类：有毛豆、豌豆、蚕豆、扁豆、豇豆、四季豆等。与其他蔬菜相比，鲜豆类蛋白质不仅含量高，且质量也比谷类好。能与谷类蛋白质互补，提高营养价值。鲜豆类中无机盐和维生素含量都较其他蔬菜高，其中铁易被人体吸收。需要注意的是有些鲜豆类含有皂角和植物凝集素，这两种物质对胃肠黏膜有较强的刺激作用，并对细胞有破坏和溶血作用。如果煮不熟就会造成中毒，出现恶心、呕吐、腹泻、四肢麻木等症状。

（5）花芽类：主要品种有菜花、黄花菜和各种豆芽类。

1）菜花：有白色和绿色两种，即花椰菜和西蓝花。这两者营养价值都较高，但西蓝花与花椰菜相比，蛋白质含量高 95%，胡萝卜素含量高近 200 倍，维生素 C 含量多 55%，钙多 1.9 倍，磷多 53%，而且口感清脆鲜美，在营养价值和食用品质上更胜一筹。

2）黄花菜：又称金针菜，可鲜吃，也可干吃，营养十分丰富。鲜品含蛋白质、脂肪、碳水化合物、胡萝卜素、维生素、钙、磷、铁等，营养价值很高。鲜黄花菜中含有一种称为秋水仙碱的物质，它本身无毒，但经过胃肠道的吸收，在体内氧化为二秋水仙碱，则具有较大的毒性。在食用鲜黄花菜时，应经过水泡和充分加热，以破坏秋水仙碱，这样食用就安全了。

（6）菌菇类：食用菌种类繁多，包括人工栽培和野生菌类。主要有香菇、草菇、银耳、黑木耳等，所含营养价值各不相同。食用菌有一定的保健和药用价值，如黑木耳具有滋补、润燥、减少人体血液凝集的作用。从猴头菌中提取的猴头菌素，已用于胃炎的临床治疗；食用菌中含有的多糖体，可成为抗肿瘤药物的潜在资源。由此可见，食用菌既营养味美，又可防病健身，应经常食用。

（7）海藻：是海洋蔬菜，如海带、紫菜、裙带菜等。海藻含营养物质很多，常吃对健康有利。实践证明，沿海居民常吃富含碘的海藻食物，不仅可降低甲状腺疾病的发病率，而且可抵抗放射性污染。日本营养学家总结海藻的保健作用认为，海藻具有抗癌、降血压、预防动脉硬化和便秘、防止血液凝固和甲状腺肿、维持钠钾平衡及减肥等作用。

2. 水果的营养价值 水果的营养成分主要有维生素、无机盐、微量元素及碳水化合物。水果的营养价值与蔬菜接近，但有其特点。水果富含有机酸如苹果酸、柠檬酸、酒石酸、琥珀酸等。水果中果胶含量高，由于果胶具有很强的凝胶力，所以常可制成果酱、果冻等。水果中存在的油状挥发性化合物，如醇、酯、酮等构成其独特的香气。

不同水果具有不同的营养功能，如苹果富含镁、果糖、果胶，香蕉富含钾，对人的心脏和肌肉功能有好处。山楂含有各种有机酸，可助消化、降血脂。野生的猕猴桃、刺梨、酸枣含维生素 C 丰富，大枣、葡萄、荔枝等含有蛋白质、葡萄糖等。大枣的含糖量比甘蔗、甜菜还多，杏、橘子、琵琶、芒果、海棠和山楂中的胡萝卜素含量很高等。

水果和水果制品的色、香、味可提高食欲，水果中的无机盐有利于维持机体的酸碱平衡，丰富的维生素可增加生命活力；果酸、果胶和纤维可刺激胃肠蠕动、促进消化液的分泌，有助于食物的消化、吸收和排泄。总之，水果的营养价值很高。

四、水产类和肉类

水产类和肉类食物含有大量的优质蛋白，丰富的脂肪、无机盐和维生素，具有很高的营养价值，可加工成各种味道鲜美的菜肴及制品供人们享用，是人类机体内蛋白质、脂类、无机盐和维生素的主要来源。

1. 水产类食品的营养价值（包括鱼、虾、蟹、贝类等水产品）

（1）蛋白质：鱼类蛋白质含量为 15%～20%，利用率可达 85%～90%。其中蛋氨酸、苏氨酸和赖氨酸较丰富，是优质蛋白的良好来源。鱼类的肌肉内组织纤维细短，间质较少，水分含量高，故肉质较细嫩，比畜禽肉更容易消化。鱼汤内含氮浸出物较多，味道鲜美，能促进胃液分泌，促进食欲。

（2）脂肪：鱼类脂肪含量一般为 3%～5%，且多为不饱和脂肪酸，特别是海鱼，不饱和脂肪酸高达 70%～80%。含不饱和脂肪酸的油脂熔点低，对预防肝硬化和冠心病有一定的效果。水产类的胆固醇含量较多，特别是鱼籽、虾籽和蟹黄。

（3）无机盐：鱼类无机盐的含量多于畜禽肉，鱼虾类的钙含量丰富，如虾皮含钙量高达 1%～2%，海产品还含有丰富的碘。

（4）维生素：鱼类是维生素 B_1、维生素 B_2 和维生素 B_5 的良好来源；鱼的肝脏中富含维生素 A 和维生素 P，可作为生产鱼肝油的原料；有些鱼肉中含有维生素 B_1 酶，能分解维生素 B_1，不新鲜鱼的维生素 B_1 容易被破坏，所以鱼要在新鲜时烹调食用。

2. 肉类的营养价值 肉类食品包括畜禽肉、内脏及其制品。人们习惯食用的畜肉主要是猪肉、牛肉、羊肉、兔肉等，禽肉主要是鸡肉、鸭肉、鹅肉等。畜和禽的内脏主要有心、肺、肝、肾、胃（肚）、肠等，它们不仅能提供人体所需的蛋白质、脂肪、无机盐和维生素等丰富的营养物质，还可烹制成美味菜肴供人们享用。肉类食物的排空过程慢，所以食后有较长时间的饱腹感。

（1）蛋白质：肉类食品蛋白质含量为 10%～20%，且主要存在于组织中。由于蛋白质中氨基酸的组成比例与人体组织相近，所以属于完全蛋白，有很高的生物催化作用。但筋、软骨、肉皮等间质蛋白质属于胶原蛋白和弹性蛋白，由于这些蛋白质中色氨酸、酪氨酸及蛋氨酸含量少，所以属于不完全蛋白，生物利用率较低。

（2）脂肪：脂肪含量常因动物品种、年龄、肥瘦、部位不同而有很大的差异。畜肉脂肪含量为 10%～90%，猪肉为 10%～30%，肥肉可达 50%～80%，禽类一般在 2%～11%，畜肉脂肪以饱和脂肪酸为主，熔点较高；胆固醇含量在瘦肉中为 80mg/100g 左右，肥肉较多，达 100mg/100g，而内脏为 200mg/100g。脑中脂肪含量最高，可达 200mg/100g 以上。禽肉的脂肪含量低，更容易消化。

（3）碳水化合物：畜肉、鱼肉中碳水化合物含量极低。仅少量以糖原形式存在于肌肉（肌糖原）和肝脏（肝糖原）中。

（4）无机盐：畜肉中无机盐含量在 0.6%～1.0%，主要有磷、铁，并含有少量铜，肝脏铁和铜丰富，红肉铁的存在形式主要是血红素铁，由于不受膳食因素的干扰，其生物利用率高，可有效补充铁。

（5）维生素：畜禽肉类含有丰富的 B 族维生素，包括维生素 B_1、维生素 B_2、泛酸等。肝脏富含维生素 A 和维生素 D_2，禽肉中还含有维生素 E，因此在−18℃冷藏条件下，储存一年也不易酸败变质。

五、蛋　　类

人们通常食用的禽蛋主要是鸡蛋、鸭蛋、鹅蛋和鹌鹑蛋，尤以鸡蛋食用更广泛，蛋类的营养较全面、均衡，容易消化吸收，食用方便，是理想的营养食品。

1. 蛋的营养价值

（1）提供最优质的蛋白：蛋类的营养价值相似，禽蛋蛋白质含量为 13%～15%，鸡蛋蛋白质的营养价值很高，其必需氨基酸组成模式与人体需要的模式相近，生物学价值达到95%以上，是最理想的优质蛋白。在进行食物蛋白质的营养价值评价时，常以鸡蛋蛋白质作为参考蛋白。

（2）蛋黄的营养成分：蛋黄约占全蛋的1/3，较蛋清的营养成分多，蛋黄中除含有蛋白质外，还含有其他多种营养成分，如无机盐成分钙、磷、铁等，但是蛋黄中含有的卵黄高磷蛋白干扰铁的吸收，故蛋中铁的吸收率很低。蛋黄中维生素 A、维生素 D、维生素 B_1、维生素 B_2 含量均较丰富。蛋黄中的卵磷脂和胆固醇是构成机体脂蛋白的成分，有利于脂类物质的运输和利用。

2. 合理食用　蛋类虽是理想食品，但因蛋黄中胆固醇含量较高，容易造成高胆固醇血症，被认为是导致高血脂、冠心病、动脉硬化的危险因素。所以，鸡蛋不能多吃，一则浪费优质蛋白，二则蛋白质的分解产物可增加肝肾负担，每人每天吃 1 个鸡蛋足以满足机体营养的需要，最好不要超过 2 个。

蛋类的食用方法也应该注意。有人喜欢喝生鸡蛋，认为这样可以补身体，易消化，其实适得其反。生蛋清中有抗生物素和抗胰蛋白酶，前者妨碍生物素的吸收，后者抑制蛋白酶活性，从而影响蛋白质的消化。以上两种成分在蛋煮熟后均可被破坏，另外，当鸡蛋煮熟后，由于蛋白质变性使高分子结构变得松散，蛋白质中肽键裸露，更易被酶分解为氨基酸，所以熟蛋更易消化吸收。

六、奶类及奶制品

奶类食品是一种营养丰富、食用价值很高的食品。动物奶类富含优质蛋白、钙、磷及维生素 A、维生素 D，是人类营养素的理想来源。增加奶类及其制品的摄入，对于改善我国居民膳食结构有非常重要的意义。

1. 奶类的营养价值

（1）蛋白质：奶中蛋白质平均含量为 3.0%～3.5%，消化吸收率高达 87%～89%，必需氨基酸组成含量与鸡蛋类似，属优质蛋白。牛奶中脂蛋白与钙、磷等结合，形成酪蛋白胶粒，蛋白质生物学价值为 85，略低于人乳（90 左右）。牛奶中酪蛋白与乳清蛋白含量构成比与人乳不同，牛奶中的酪蛋白高于乳清蛋白，而人乳中乳清蛋白高于酪蛋白。牛乳易被婴幼儿吸收，可以用乳清蛋白改变其构成比，调制成近似于母乳的婴儿乳品。

（2）脂类：奶中脂肪含量约占 3.0%，其中 95%左右为三酰甘油，亚油酸和亚麻籽酸分别占 5.3%和 2.1%。奶脂肪呈极细微粒，高度分散在乳中，颗粒多为直径 1～10μm 的微粒，消化率高达 98%，奶中胆固醇含量不高，为 7～17mg/100g。

（3）碳水化合物：牛奶所含碳水化合物为乳糖，含量为 3%～5%，较人乳低。乳糖是鲜奶中主要的碳水化合物，它需要乳糖酶的作用，才能在肠道内分解为半乳糖和葡萄糖，然后被吸收利用。人体若缺少乳糖酶，奶中未被分解的乳糖就在肠内发酵，产生大量的二氧化碳气体，引起腹胀、腹痛和腹泻，这便是“乳糖不耐症”。在东方人中，有乳糖不耐症的人较多，原因是膳食中奶制品少，造成乳糖酶的功能退化，如果养成饮奶习惯，乳糖酶还会增加。牛奶的营养价值很高，所以一定要喝，如果不适应，可以先少量，或从酸奶开始，酸奶中益生菌有助消化，这样可以逐渐克服乳糖不耐症。

（4）无机盐：牛奶中无机盐含量为 0.6%～0.7%，其中以钙、磷、钾含量较高。每 100g 鲜牛奶中含钙 100～120mg，其吸收率高，是人体钙的良好食物来源。此外还含有多种微量元素，如铜、锌、碘、锰等。铁含量很低，每 100g 鲜牛奶中仅含 0.2～0.3mg，吸收也较差。如以牛奶喂养婴儿，应注意铁的强化，如注意补充绿色菜泥和鲜果汁等。

（5）维生素：牛奶中较多的是维生素 A 和维生素 B_2，此外，维生素 B_1、维生素 B_6、维生素 C 和生物素含量通常较人乳多。但奶中维生素含量受饲养条件和季节的影响，如喂青饲料，其维生素 A 和维生素 C 的含量较喂干饲料时有明显增加。奶中维生素 D 含量不高，夏季日照多时，其含量有一定增加。奶中维生素 B 经光照会很快消失，维生素 C 也会所剩无几。因此，鲜牛奶必须要避光保存。

2. 奶制品的营养价值 市场上有很多奶制品，如炼乳、奶粉、酸奶、奶油、奶酪等，都是由鲜奶加工而成的。

（1）炼乳、淡炼乳：又名蒸发乳、浓缩奶，为鲜奶在巴氏消毒瓶均质后，再经低温真空法将奶浓缩至原有体积的 1/3，装罐、灭菌而成。食用时，加水稀释至原来浓度即可。其营养价值与鲜奶基本相同，但赖氨酸和维生素 B_1 稍有损失。

甜炼乳是在鲜奶中加入约 15%蔗糖，再经低温减压浓缩至原体积的 40%，此法因不能灭菌，成品以罐装密封保存，其含糖量可高达 40%以上。稀释后，其营养素含量仅为鲜奶的 1/3 左右，此奶不适合婴儿喂养，主要供制作甜食、冲咖啡饮用。

（2）奶粉：由鲜奶经脱水干燥而成，有全脂奶粉、脱脂奶粉、调制奶粉（母乳化奶粉）等。

1）全脂奶粉：为鲜奶经浓缩，再脱水干燥而成，脱水干燥方法现在多采用喷雾干燥法。其所制奶粉营养成分受损较小，市售奶粉有加糖与不加糖两种。

2）脱脂奶粉：工艺与全脂奶粉基本相同，只是先将鲜奶脱去脂肪（奶油）。此种奶粉含脂肪量仅为 1.5%左右，除脂溶性营养随奶油一起被脱去，其他营养素受损不大。

3）调制奶粉：又称母乳化奶粉，是参照母乳成分，将奶粉成分进行调整与改进，以适合婴幼儿生长发育的需要。

（3）酸奶：将已消毒的鲜牛奶接种乳酸杆菌，经发酵制成。酸奶营养成分与鲜奶基本一致，但其中乳糖已被发酵为乳酸。酸度增高后更有利于维生素的保存。乳酸能刺激胃酸分泌和肠蠕动，能更好地被消化吸收。因此，乳糖不耐症者饮用时，不会再出现腹痛、腹泻等不耐受症状。酸奶也特别适合消化功能不良者及老年人饮用。

（4）奶油（黄油）：奶油是将牛奶中的脂肪成分经过浓缩而得到的半固体产品，奶香浓郁，可用来涂抹面包和馒头，或制作蛋糕和糖果。黄油是从奶油中进一步分离出来的脂肪，又称乳脂、白脱油，一般很少被直接食用，通常用作烹调食物的辅料。奶油和黄油在西餐中应用非常广泛。

奶油和牛奶成分大致相同，但含量都有变化。其中奶油的脂肪含量比牛奶增加 20～25 倍，其余成分如非脂乳固体（蛋白质、乳糖）及水分都大大降低。黄油的主要成分是脂肪，其含量远高于奶油，还含有各种脂溶性维生素，基本不含蛋白质。奶油在人体的消化吸收率较高，可达 95%以上，是维生素 A 和维生素 D 含量很高的调料。而黄油中含有的低级脂肪也容易被人体消化吸收。

奶油较适合缺乏维生素 A 的人和儿童食用，冠心病、高血压、糖尿病、动脉硬化患者忌食。孕妇和肥胖者尽量少食或不食。奶油和黄油中都含有多种饱和脂肪酸和胆固醇，对血管有害，男性摄入过多还可能导致前列腺肥大。

（5）奶酪：是在牛乳中加入凝乳酸，使乳中的蛋白质凝固，经过压榨、发酵等过程所制成的乳品。每千克奶酪制品都是由 10kg 的牛奶浓缩而成的纯天然食品，也称乳干、乳饼，蒙古族人有时称其为奶豆腐。奶酪的营养十分丰富，蛋白质含量达到 25%左右，乳糖含量为 27%左右，吸收率可达 90%以上，是补充优质蛋白的理想食品，奶酪中含有多种维生素和无机盐，含量可达 1.2%。而且钙、磷比例接近 2∶1，更有利于人体吸收。奶酪比人乳、牛乳营养更丰富，对于提高人体免疫力有极大的帮助，而且对青少年生长发育、提高身体耐力有益。目前世界上干酪种类达 800 种以上。据统计，2001 年欧洲人均奶酪消费达 18kg，而中国年人均消费只有 0.1kg。

目前市场上的奶酪主要是以块状为主，特别适合早餐匆忙的上班族和学生。两片面包夹上一块奶酪，就是一份简单而又营养价值很高的早餐。在饮食中要根据自己的身体情况和营养状况制订食谱。

第三节 合理营养与膳食

机体的正常发育和健康，与七大膳食方式及化学物质的合理摄入密不可分，尤其是一日三餐的合理膳食，对健康更为重要。

人体只有在合理摄取食物的前提下，才能保证营养素的均衡，才能维持正常的生长发育、组织更新和良好的健康状态。吃是生命活动的表现，是健康长寿的保证，饮食不仅维系着个体的生命，而且关系到种族的延续、国家的昌盛、社会的繁荣和人类的文明。人不能为吃而活着，但活着必须吃，而且要吃得科学、吃得合理、吃出健康，科学合理的营养要通过平衡膳食来实现。

一、平衡膳食的原则和基本要求

平衡膳食又称健康膳食，是指膳食中营养种类齐全、数量充足、比例适当，且与人体的需要保持平衡。各种食物的成分有各自的生物学特性，并不是按照人类营养学需要构成的。由于它所含各种营养素的比例与人体所需比例不同，人体摄入后在消化吸收和利用过程中，不同营养素之间既有相互补充的一面，也有相互制约的一面。因此，要获得较高和较完全的营养价值，只有同时进食种类齐全、数量充足和比例适当的混合食物才能取得预期效果。

1. 平衡膳食的原则

（1）食物调配得当。

（2）食物品种多样。

（3）产热营养素之间的比例适宜。

（4）非产热营养素与产热营养素之间协调合理。

2. 平衡膳食的基本要求

（1）能供给足够的热能来源，以满足生活和工作的需要。

（2）能供给足量的优质蛋白，以满足保持机体组织和生长发育的需要。

（3）能供给适量的脂肪，以保证必需的脂肪酸和各种相关功能的需要。

（4）能供给各种维生素，以保证机体正常的生理功能和健康状态。

（5）能供给足够无机盐，以维持机体正常的代谢和功能。

（6）能供给适量膳食纤维，以调节肠道系统的状态，降低有害物质的侵害。

二、平衡膳食中主要营养素的平衡

1. 三大热能营养素的平衡 碳水化合物、脂肪、蛋白质是人体三大热能营养素。在膳食中含量大，在机体中都可以产热。但是蛋白质主要用于组织更新，是机体蛋白唯一的氮来源。膳食中如果蛋白质供给量不足，单纯提高脂肪和糖的供给量，不能维持机体正常的氮平衡。所以，只有蛋白质的供给量达到最低需要量以上，提高糖和脂肪的供给量，才能充分发挥对蛋白质的节约作用。同样，也只有当糖和脂肪的供给量达到最低需要量以上，蛋白质才能发挥其生物功能，否则，也只能用于产能。

膳食中只有三大营养素之间比例合理，才既可保证机体组织的修复更新，又可保证热能的需要，还可以保证组织细胞所需脂肪酸。宏观上生命体征才能表现正常。通常成人膳食中糖、脂肪、蛋白质三者的供给量比例为6∶2∶1，少年、儿童可适当增加脂肪和蛋白质的摄入。

2. 蛋白质中氨基酸平衡 平衡膳食中，蛋白质所含人体必需8种氨基酸应种类齐全、数量充足、比例适当，而且还要有一定比例的非必需氨基酸。通常认为，必需氨基酸与非必需氨基酸的比例应为4∶6。

3. 脂类物质中脂肪酸的平衡 人体所需的必需脂肪酸都是不饱和脂肪酸，在植物油中含量较高。所以，平衡膳食除了维持脂肪供能的比例，还应增加不饱和脂肪酸的量。通常认为，必需脂肪酸应占总热能的2%，每日脂肪摄入量中植物性脂肪应占2/3，而且，植物油的摄入量要大于10g才能维持不饱和脂肪酸和饱和脂肪酸的平衡。

4. 其他营养素的平衡 维生素、无机盐和纤维素也要满足机体的需要。这些营养素在体内主要是调节生理功能，如果缺乏或不足，就会造成某些生理功能的失调，导致一些营养素缺乏症的发生。

三、平衡膳食的组成

人们的日常膳食由多种食物构成，把食物的种类大致分为四类：粮食类，动物类和豆类，油脂类，蔬菜、水果类。平衡膳食要求各类食物在膳食中应占适当比例。中国传统营养学观点认为平衡膳食应当“五谷为养，五畜为益，五菜为充，五果为助”，不仅指出了平衡膳食的食物种类，还说明了各类食物在平衡膳食中的地位。

1. 粮食类 是主食，主要提供热能和B族维生素，粮食类蛋白质含量虽然不高，但因为吃的量大，所以也是蛋白质的主要来源。一个人一天吃多少粮食，主要根据生活和工作情况而定，通常占膳食总量的30%～40%。每天的粮食种类应尽可能多样，最好有三个品种以上，并且不宜长期食用精米精面，全麦粉和糙米有利于维生素B的吸收利用。

2. 动物类和豆类 包括肉、蛋、奶、水产品、大豆及其制品等，主要功能是提供优质蛋白，以弥补粮食蛋白的质量缺陷。同时，它们还是许多维生素和无机盐的主要来源。在一般人的膳食中应占15%～20%，在动物性食物中，应选择蛋白质含量高、脂肪含量低的禽、蛋、奶、鱼类及食草动物，而蛋白质含量较低、脂肪含量较高的猪肉类应相对减少。

3. 油脂类 主要提供热能和必需脂肪酸，且能促进脂溶性维生素的吸收。在膳食中应占膳食总量的2%左右，每天应摄入15g以上优质食用油。应严格控制动物性脂肪的摄入量，特别是中老年人，因为过多的饱和脂肪酸将导致心血管系统疾病。

4. 蔬菜、水果类 主要提供机体所需的无机盐和维生素。蔬菜、水果多是碱性食物（所含无机盐多为钠、钾盐，代谢最终显碱性，而碳水化合物、蛋白质、脂肪类都属于酸性食品，因为代谢最终产生的 CO_2、氨基酸等显酸性）。在膳食中如果没有蔬菜和水果，很难维持体液的酸碱平衡，导致维生素缺乏甚至致命。因此，膳食中的蔬菜、水果非常重要。

除了提供无机盐和维生素外，蔬菜、水果还可提供食物纤维、果胶和有机酸，所以食后可促进胃肠蠕动，帮助消化。一般成人每天至少应摄入 500g 的蔬菜和 200g 左右的水果，品种尽量多样化，有色蔬菜和叶菜应占 50%。除了各类食物的比例要协调外，不同类型的食物搭配也很重要，如主副食的搭配、粗细粮的搭配、荤素搭配等。总之，全面、均衡的食物才能保证机体营养的需要，才能有利健康。

四、科学的饮食习惯

饮食习惯指进食间隔时间及食物的种类、数量、质量在各餐中的分配情况及吃水果和吃零食的习惯等。科学的饮食习惯应该使饮食和日常作息时间与生理情况相适应，与消化规律相协调，从而提高食物消化、吸收和利用的程度，使人感觉舒适、精力充沛、身体健康。

1. 培养科学饮食习惯的重要性 人的工作性质和日常作息时间决定一天内不同时间对热能和营养素的需求，所以根据自己的情况，建立切身需要的饮食习惯非常重要。一旦习惯养成，就会产生相应的生物条件反射，如到了进餐时间，就会感觉饥饿，消化道分泌消化液做好进餐的准备，机体就会产生良好的食欲。如果没有良好的习惯，进餐时间不规律，或不吃饭，或暴饮暴食，违背饮食规律就会造成消化功能紊乱甚至疾病。

2. 建立科学饮食习惯的原则

（1）进餐时间掌握在饭前还不是过分饥饿，但有正常食欲时。

（2）所摄食的营养物质被机体充分消化、吸收和利用。

（3）能满足机体生理和工作的需要，保证健康的生活和工作。

3. 良好的饮食习惯 饮食习惯因人而异，但要符合自身的生理和健康需要。

（1）两餐间隔的时间：正常成人一日三餐，两餐以间隔 4～5 小时为宜，间隔时间太短没有良好的食欲，会造成进食后消化液分泌减少，肠胃工作量和负担加重，影响消化功能。间隔时间太长会造成明显饥饿感，组织器官的营养不能及时补充，引起精神萎靡不振、工作热情和学习效率下降，长期空腹还可导致胃炎、胃溃疡。

有人因为早晨时间紧而不吃早餐，这是很不科学的，特别是青年学生，脑组织活动旺盛，消耗能量很大，而脑中没有糖原储备，需要不断地从血液中摄取葡萄糖来维持能量的需要。所以一定要吃早饭来保证血糖的供应，否则容易发生低血糖，严重时就会晕倒（低血糖休克）。

（2）食物的营养分配：中国民间流传“早餐吃好，午餐吃饱，晚餐吃少”的说法，西方国家也流传“早餐吃得像国王，午餐吃得像平民，晚餐吃得像乞丐”的说法，都形象地比喻了一日三餐营养物分配的情况和比例。

五、营养师建议的一日三餐

1. 早餐 是一天中最重要的一顿饭，千万不能掉以轻心，必须吃好。人经一夜睡眠，晚上进食的营养已基本耗完，只有得到早餐的营养补充，才能满足机体的需要。经常不吃早餐会导致身体一系列疾病，如低血糖等。所以医学专家告诫人们“吃早餐等于吃补品”。我们必须重视早餐，不但要吃，而且一定要吃好。

早餐应占全天食物总摄入量的 30%，以满足上午工作、学习的需要。我国农村和部分地区早餐以清淡的白粥加咸菜为主，热能分配偏低，有的仅占全天总热量的10%～15%，这与上午的工作消耗不相适应。而西式早餐以牛奶、面包为主，黄油、色拉酱或果酱较多，辅以煎鸡蛋、新鲜水果或果汁，含较高的热能营养和维生素，值得我们借鉴。我们的营养早餐也应很丰富，早餐主食可有馒头、豆包、菜包、肉包、麻酱包、花卷、面包等，蛋白质可由鸡蛋、牛奶、豆浆、黄豆、花生来补充，咸菜可改为绿色小菜，如拌胡萝卜、芹菜花生米、拌黄瓜、拌莴笋等，再配上适量的水果，这样，各类营养素如碳水化合物、脂肪、蛋白质、维生素、无机盐和食物纤维就能有保证了。

2. 午餐 碳水化合物、蛋白质、脂肪及维生素的供给量应增加摄入，占全天总摄入量的40%。由于午餐在一日三餐中有承上启下的作用，既要补偿饭前的能量消耗，又要储备饭后工作所需要的能量。因此，午餐在全天中的热量应最多，而且食物的品种和数量也要增加，除了主食外，副食品种也要多，如肉类、蛋类、豆类、青菜类最好全有。还要有一碗营养丰富的汤。我国大部分地区对午餐还是比较重视的，南方比北方更注意多样性。

3. 晚餐 应多食谷类、蔬菜等易消化的食物，最好是米饭或面汤。摄入量应占全天总摄入量的30%。富含蛋白质、脂肪的食物应少吃，因蛋白质、脂肪类食物较难消化，且含热量高，晚餐后运动量小，热能消耗大大降低，营养物质易在体内储存造成肥胖。

现在城市中有些家庭，因成员白天各自忙于工作、忙于学习，所以早餐、午餐经常用快餐凑合，晚餐时间充足，一家人在一起，所以吃得比较充实，久而久之大人变得大腹便便，血脂血压升高，少儿也成了小胖墩。有的单位也是晚上应酬多，造成相关人员易患肥胖、脂肪肝和心脑血管疾病等。正如古人所说“饱食即卧，乃生百病”。因此，晚餐必须引起高度重视。

六、水果的摄入

1. 水果的营养价值 水果富含糖、维生素、无机盐、纤维素、果胶、有机酸等物质，可调节酸碱平衡、胃肠蠕动等多种生理功能。在营养方面越来越受到人们的重视。

2. 水果的合理摄入 每天吃多少水果，什么时间吃最好一直都有争论。实际上因为水果分温热、寒凉、甘平三类，人的体质也有燥热、虚寒等类型，所以，不能一概而论。吃水果要因人而异，因水果而异。

3. 水果的选择 根据自己的实际情况来选择水果的种类。例如，属温热类的有枣、李、杏、龙眼、荔枝、石榴、葡萄、山楂、樱桃、杨梅、菠萝等，体质燥热的人吃这类水果应适量。属寒凉类的有茭、荠、梨、香蕉、柿子、白果、柚子、西瓜等，体质虚寒者进食要加以控制。属于甘平类的有枇杷、苹果、青梅、橄榄等，各类体质的人均可食用。

4. 水果的禁忌 哮喘患者宜吃梨、杏、枇杷、苹果等水果，可起到消炎、平喘止咳的作用。消化不良、高血压和冠心病患者可多吃山楂、金橘、桃子、鲜枣等水果，以帮助消化，降低血压，减轻血管硬化；心肌梗死患者宜吃香蕉、鲜桃、梨等水果，有利于通便。焦虑多梦、心悸、精神恍惚的人，宜用各类补血、养心安神的水果，如龙眼、荔枝、胡桃、枣等。糖尿病患者可适当食用菠萝、樱桃、杨桃、梨、猕猴桃等含糖量相对较少的水果。肝炎患者可食用梨、苹果、香蕉、西瓜、柑橘和荔枝等富含维生素C和胡萝卜素的水果。这些水果具有保肝及促进肝细胞再生的功能。

一天中什么时间吃水果好？有这样的民间传说：“早晨吃水果是金，中午吃水果是银，下午吃水果是铜，晚上吃水果是铅。”营养学学者一般认为早上吃水果好，既给机体提供了丰富的营养素，又适当补充了上午的热量所需。另外，在两餐之间食用水果，正常人每日进食 1～3 次即可。减肥者可以在餐前进食水果，可使正常的进食量减少，从而影响蛋白质、淀粉、脂肪的摄入，达到减肥的目的。

餐后马上吃水果不可取，因为，饭后食物还堆积在胃里，而水果中有大量的糖，饭后马上吃过多的水果，会增高血糖浓度，加重胰腺的负担。同时还会阻碍甚至中断体内的消化过程，减少某些营养素的吸收。

有些水果也不能空腹吃，空腹大量食用香蕉后，香蕉会与胃中的盐酸结合成一种不利于消化的物质。柿子甜软可口，营养丰富，但柿子内富含大量单宁酸、棉胶粉，有收敛作用，遇到胃酸会形成棉石，既不能被消化，也不能被排出，空腹大量进食后，会出现恶心、呕吐等症状，甚至必须通过手术才能将棉石取出。而山楂含有苹果酸比较多，空腹食用会对胃产生刺激。

七、克服不良饮食习惯

1. 挑食和偏食 通过科学验证和长期的生活实践，人们认识到，没有任何一种天然食品能包含人体所需的所有营养素。例如，谷类含糖丰富，但含脂肪和蛋白质少；肉类、蛋类含优质蛋白，但含维生素少；蔬菜、水果富含维生素、无机盐和膳食纤维，但含蛋白质和脂肪少。所以，单一食物不管吃的量多大，都不能保证机体全部营养素的需要。如果长期挑食、偏食，势必造成营养不良，影响健康。

现在生活条件优越了，但是偏食和挑食的情况更多了，特别是少年、儿童。实际上，儿童的膳食都是由父母安排的，家长应特别注意主动让孩子多接触一些食物种类，扩大饮食范围。这样，对各式各样的食物才容易接受。每种食物都有各自的长处和不足，只有各种各样的食物都吃，才能满足机体的全面需要。儿童不偏食、不挑食习惯的养成，家长以身作则很重要，如果家长本身对某些食物有偏见，很容易影响孩子。家长不应在孩子面前随便说我不爱吃什么食物，以免孩子即使从来没吃过这种食物，也对这种食物产生反感。因为儿童正处于心理的发育阶段，在对新事物的认识和接受过程中具有受暗示性和模仿性，家长应了解和利用儿童的这些心理特点，满足儿童发育各阶段的营养需要。

现在有些家族疾病，实际和遗传关系不大，主要是生活方式，特别是饮食习惯造成的，如心脑血管疾病、肠癌、食管癌等。

2. 进食不规律 主要表现为有时暴饮暴食、有时忍饥挨饿、吃零食等。例如，因为夜间活动、睡懒觉，错过了早餐时间，午餐势必吃得多。或者平时省吃俭用，逢年过节大吃大喝，或者聚餐聚会暴饮暴食，或者不停地吃零食，到进餐时间没有食欲。这样饥一顿、饱一顿，日积月累必然使肠胃功能失调，如胃炎、胃癌、胰腺炎、心肌梗死等疾病都与进食不规律有关。

人们一日三餐吃的食物，要经胃的消化，变成与胃酸相混合的食糜，再经过胆汁、胰液、肠液中酶的化学作用把食物大分子分解成小分子才能被吸收利用。人的消化能力有一定限度，即每天分泌消化液也是相对稳定的。例如，成人每天分泌胃液 1500～2500ml，胰液 700～2000ml，胆汁 600～700ml，小肠液 1000～3000ml。如果胃胀得很大，一是胃肠蠕动困难，二是体积大，会抬高横膈，影响人的肺功能，由此诱发的疾病甚至可致命。

除保证一日三餐外，还要注意每餐不宜太饱，八分饱有利于健康，美国科学家做过这样的实验，让 100 只猴子随时吃饱，另外 100 只猴子定量供应八分饱。结果 1 年后，饱食的 100 只猴子出现肥胖、高血压、脂肪肝等，死亡了 50 只，剩下的也不精神。另外 100

只八分饱的猴子死了12只，而且苗条、健康、很少生病，精神状态也好。有一些生活谚语如“吃饭少一口，活到九十九”“若要身体好，吃饭不过饱”“若要身体安，三分饥和寒”等都是生活经验的总结，对健康确实有好处。

有规律地进食使消化系统形成条件反射而有规律地工作，有利于维持消化器官的正常功能。

3. 过冷、过热的食物 过冷、过热的食物都会对身体造成伤害。食物过热，会烫伤消化道，引起食管炎，久而久之会诱发癌变。过冷食物会使食管与胃肠血管收缩，造成胃平滑肌痉挛，分泌液减少，长期食用冷食会引起胃肠功能紊乱，引发多种胃肠病。

4. 盲目节食减肥 爱美之心，人皆有之，希望自己有一张漂亮的面孔，有一个标准的身材也是人之常情。肥胖不仅不美观，而且容易患心脑血管疾病。科学地控制饮食和运动是达到减肥目的的最好的方法。而有的人为追求“魔鬼身材”而盲目减肥，如滥用减肥药、不吃饭、不吃主食、不吃肉等，最终导致营养不良性疾病，甚至厌食症而遗憾终身。

5. 乱用滋补药 盲目听信广告对滋补药的夸大宣传，乱用滋补品，甚至以药代食，错误地认为，补品可以补救一切营养缺乏。其实滋补药的作用，只是调节某些生理功能，需不需进补，补什么，要因人而异，如维生素合剂，如果是健康人，在膳食中注意多吃蔬菜和水果即可，没必要再补充。除非有特殊性疾病，补药不是人人皆宜的健康法宝。

6. 不注意饮食卫生 不要购买无卫生保证的街头食品，如烤羊肉串、臭豆腐等。街头流动食品从业人员持有卫生许可证、健康证的不到一半，餐具不消毒，滥用食品添加剂和调料品造成的食品污染严重，很容易引起食源性疾病，危害身体健康。

要养成饭前便后洗手的习惯，以防致病菌侵入机体造成伤害。有些人图省事，用塑料袋当餐具，这种做法不可取。因为塑料袋中的酞酸酯是塑料制品加工过程中必不可少的增塑剂，是一种有害物质，它与塑料制品的结合并不紧密，很容易从中分离，溶解在食物中，特别是热的油腻食物溶解得更多。有研究证明，酞酸酯是一种环境激素，可以导致男性生殖功能障碍。

以上平衡膳食的标准，为便于记忆，总结如下：

杂食为优，偏食为忌。
粗食为好，清淡为利。
暴食为害，慢食为宜。
鲜食为好，过食为弊。
平衡膳食，每日必须。
饮食卫生，更需牢记。

第四节 饮食结构、膳食指南和食谱编制

对维护健康来说，饮食是最重要、最经常的一种行为。在我国，能按科学方式饮食的人至今仍属少数，原因是：多数人不懂如何科学饮食，有什么就吃什么，吃饱了就行。一些贫困地区尚不能温饱，有的刚刚温饱还没有条件讲营养；还有的是不重视、认为无所谓，美食当前，管不住嘴；再有就是太重视、太模式化，生搬硬套理论，结果事与愿违。我们学习营养学的目的是真正认识到平衡膳食的重要性，能够因地制宜、灵活科学地安排每天的食谱，真正吃出健康来。

一、食 物 结 构

食物结构是合理膳食的核心问题。它指居民消费的食品种类及其数量的相对构成。不同的生活习惯、不同的饮食文化和生活水平现状，决定人们的饮食结构。营养工作者的目的是根据不同国家、不同地区具体情况把营养的生理需求和现有条件的可能性结合起来，使人们的饮食健康变为现实。

食物的结构不同，人体所摄取的热能和营养素的数量和比例也就不同，通过分析可见，日常的饮食结构主要有如下类型。

1. 平衡膳食型 也称日本模式，主要分布在以日本为代表的一些国家和地区。这种膳食结构继承了以粮食为主食的东方膳食传统，又吸取了欧美国家食用动物性食物的一些长处，其特点是以植物性食物为主，动物性食物为辅，碳水化合物、蛋白质、脂肪的摄入均衡。这些国家和地区经济发达，食品资源丰富，国民的健康水平较高，其年人均摄取粮食达 110kg，动物性食物达 135kg 左右，基本属于平衡膳食。第二次世界大战后，日本高度重视国民营养，先后制定了《营养师章程》《营养法》《学生午餐法》等，使国民身体素质明显提高。

2. 热能与蛋白质过剩型 是经济发达国家模式，又称营养过剩型。这种膳食结构主要分布在北美及欧洲，其特点是三高一低，即高热能、高蛋白、高脂肪、低纤维。每人每日摄入的热能和蛋白质大大超过每日的需要量。其中肉、蛋、奶类食品年人均消耗 270kg 以上，而粮食类消耗低至 60～70kg。人均每日热能可达 14.7MJ，出现严重的营养过剩，使肥胖、高脂血症、脂肪肝、高血压、糖尿病等所谓的“现代文明病”明显增高。

长期营养过剩是引发肥胖病的主要原因。流行病学和临床研究及一些动物实验证实肥胖病与冠心病、绝经期后乳腺癌、2 型糖尿病、高血压、胆囊疾病、子宫内膜癌、骨关节炎等有关。人体研究显示，腹部脂肪堆积比臀部和大腿脂肪积聚对 2 型糖尿病、冠心病、高血压、脑血管意外的风险更大，并可增加这些疾病的死亡率。

关于蛋白质摄入量，冠心病死亡率与饮食关系研究表明，动物蛋白质摄入量与冠心病死亡率相关显著，植物蛋白质摄入与冠心病死亡率呈负相关。在一些国家的相关研究中，进食肉类食物多的膳食与冠心病及结肠癌和乳腺癌增加相关，这种膳食的特点是饱和脂肪酸和胆固醇含量偏高，说明高动物蛋白质、高脂肪（尤其是高饱和脂肪）是冠心病和某些癌症的共同危险因素。

营养过剩严重损害了西方人的健康，心脏病、脑血管病和恶性肿瘤已成为西方人的三大死亡原因，尤其是心脏病死亡率，明显高于发展中国家和日本。1988 年美国一份《营养与健康状况》报告详述了冠心病、癌症、高血压、糖尿病、肥胖病、骨骼病等 11 类疾病和酒精中毒及行为等问题，也详尽地分析了这些所谓富贵病与膳食结构的关系。报告指出，美国每年有 125 万人发生心肌梗死（2/3 为男性），其中 15 万人死亡。每年发生肝硬化、脑血管意外 50 万人，15 万人死亡或失去自理能力，每年有 47.5 万人死于癌症，有 1100 万糖尿病患者。

3. 热能与蛋白质不足型 是发展中国家模式，又称营养不良型，分布在发展中国家的贫困地区。膳食结构特点是热能基本满足需要，主要以植物性食物为主，尤其是谷类和薯类，食物营养质量不高，动物性食品不足，造成蛋白质和脂肪欠缺，有的国家年人均消耗谷类、薯类达 200kg，而肉、蛋量不足 5kg。动物蛋白质仅占蛋白质总量的 15%左右，居民存在营养不良、贫血或多种营养缺乏症，主要是蛋白质摄入不足造成的。

二、我国的膳食结构

1. 我国的膳食结构现状 近年来，随着我国经济的发展，人们的生活水平不断提高，膳食结构也在发生变化，就全国范围来讲，热能已达供给量标准，但膳食结构中仍以谷类为主，城市的变化更为明显，主要特点是粮食类食物减少，动物性食物在成倍增加，随着膳食结构的变化，能量来源分配也发生了明显变化，来源于碳水化合物的能量逐年下降，来源于脂肪的能量逐年上升。

从食物结构来看，10 年来中国居民油脂摄入量已超标 80%，谷类、薯类摄入量较以前有所下降，豆类摄入量太少，只达到要求的 30%，蔬菜、水果摄入量也太少，分别达到要求的 50%和 70%，盐和酱油分别达到 12g 和 9g，远远超过了相关标准。因此，从调整膳食结构来看，应吃清淡些，再清淡些，洪韶光教授提出的“一荤一素一菇，燕麦瓜果豆腐”很科学。日常坚持以谷类为主，减少油脂用量，增加果蔬、奶、豆制品，鱼类等水产品建议每周吃 2 次，合理调整膳食结构，才能满足人体全部营养素的需求。

2. 中国居民死亡病种的改变 动物性食物消费增加，蛋白质和脂肪的摄入量增加，人体的免疫力提高，可使传染病逐年减少，但与营养过剩有关的慢性非传染性疾病逐年增加，这已成为一种特定的规律，如不加以干预，对人类健康也会产生严重危害。

目前，我国因营养过剩死亡的人数超过因营养不良死亡的人数，生活条件虽然好了，但药越吃越多，病越来越多。

从全国看，膳食结构的变化趋势，特别是几个大城市的变化趋势基本一致，当然也有快慢之分。尚未脱贫地区，仍以营养摄入不足为主。无论是不足，还是过剩，都存在一个调整膳食结构的问题，必须引起高度重视。

3. 我国传统膳食结构的利弊 我国传统的膳食结构以粮食为主，蔬菜类丰富，肉类较少，食品多不做精细加工，精制糖的使用量较少，茶为大众的饮料，烹调油中荤油占有一定比例。

（1）传统膳食结构的优点分析

1）谷类为主的膳食结构：由于各类食品中碳水化合物含量高，故碳水化合物产生的热能占总热能的 60%以上，是最经济、最主要且无污染的热能来源。其可防止脂肪和蛋白质分解产生能量时生成的酮体和胺类物质对机体的毒害作用。

2）蔬菜：价廉、品种多，维生素、无机盐和纤维素较多。

3）食品精加工少，并且有粗粮摄入，增加了膳食纤维，因此，消化系统疾病及肠癌的发病率极低。

4）丰富的豆制品、豆腐、腐乳、豆浆、豆汁等，能够补充优质蛋白和钙。

5）饮茶：甜食少，减少了糖的过多摄入，增加了一些必需无机盐的摄入。

6）丰富的调料：如葱、姜、蒜、辣椒、醋等，起到了杀菌、降脂、增加食欲、助消化等诸多作用。

（2）传统膳食结构的不足

1）牛奶及奶制品摄入不足。膳食调查表明，全国范围内钙的摄入量只达到每日推荐量的一半多点。牛奶的营养价值很高，又是钙的最好来源，所以提倡多喝牛奶，每日应不少于 250ml。

2）缺乏瘦牛肉、瘦羊肉、鱼等动物性食品，导致优质蛋白摄入量不足。

3）食盐摄入量过高。我国居民每人食盐摄入量平均为 12g/d，这与 WHO 关于防治高血压、冠心病的建议中提出的每人食盐摄入量在 6g/d 以下的标准增多了 1 倍。

4）白酒：消耗量过多。

我国的饮食文化历史悠久，其传统膳食结构和配膳原则信奉“杂食者，美食也；广食者，营养也”的摄食原则，提倡食品的来源多样化，提倡含不同营养成分的食物之间的互补。以谷类为主，采食多样蔬菜，适量搭配水果和动物性食品的传统饮食原则，符合人体生理全面营养的需要和膳食平衡，有助于人体健康，是中国人民数千年饮食生活的经验积累，充分体现了中华民族在膳食科学领域的高度智慧，我们应该发扬传统饮食习惯的长处，克服不足，在科学膳食原则基础上，改进我们的饮食，使国人的健康水平进一步提高。

三、膳 食 指 南

膳食指南是膳食指导方针，可以正确引导人们的食物消费，使之养成良好的饮食习惯，从而达到提高营养和增进健康水平的目的，膳食指南每隔几年都要根据人群营养新问题和营养研究的新进展进行修订，膳食指南对营养科学的宣传和普及极为有效，美国在 1963～1975 年，通过大力宣传合理的膳食指南原则，取得了显著成果，从而激发了各国制定和宣传膳食指南的积极性。

1. 我国居民的膳食指南

（1）食物多样，谷类为主。

（2）多吃蔬菜、水果和薯类。

（3）每天吃奶类、豆类及其制品。

（4）经常吃适量鱼、禽、蛋、瘦肉，少吃肥肉和荤油。

（5）食量与体力活动要平衡，保持适当体重。

（6）清淡少盐的膳食。

（7）饮酒应限量。

（8）吃清洁卫生、不变质的食物。

增进人体健康的六十四字方针：

膳食多样，谷类为主，多吃蔬菜，果畜为辅。
奶豆食品，经常食用，适量常食，鱼禽蛋肉。
少吃肥肉，清淡低盐，进食适度，酒水限量。
食物清洁，饮食卫生，经常运动，少病益寿。

如果我们按上述原则指导饮食，营养素平衡就比较理想，有利于健康。

2. 国外某些国家的膳食指南

（1）美国的膳食指南

1）食用多种多样的食物。

2）所食食物要与体力活动保持平衡，保持或改善体重。

3）选择低脂肪、低饱和脂肪酸和低胆固醇的膳食。

4）选择含糖适量的食物，选择食盐和钠适量的食物。

5）饮用酒精类饮料，则应适量而止。

（2）新加坡的膳食指南

1）脂肪摄取量应维持在总热量的 30%以下。

2）每天胆固醇的摄取量在 300mg 以下。

3）少吃糖和熏、烤的食物，每天摄取的盐分不超过 5g。

4）多吃不同种类的食物。

5）维持适中体重。

6）多吃水果、蔬菜、全麦食品，补充维生素 A、维生素 C 和纤维素。

7）每天饮酒不超过 2 杯。

8）初生婴儿在 6 个月内最好持续母乳喂养。

3. 食物金字塔 是膳食指南食物金字塔的简称，目的是能让膳食指南图形化，更加形象，更易于普通人群理解和接受。食物金字塔的内容是将平衡膳食原则用埃及金字塔的形状描述，各种营养素的用量在金字塔相应的位置表示，形象比喻其量的多少。

美国 1992 年颁布了现行的美国膳食指南金字塔（图 11-1），并取得了很好的效果。

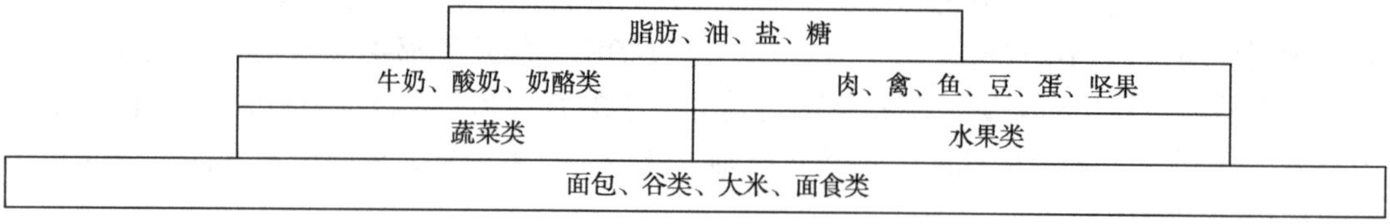

图 11-1 美国膳食指南金字塔

中国营养学会 1998 年首次颁布了适合我国国情的膳食指南金字塔，并对此进行了大量宣传，希望给予我国居民饮食更形象化的科学指导。平衡膳食金字塔分 5 层，各层位置和面积不同，这在一定程度上反映出各类食物在膳食中的地位和应占的比重。谷类食物位居底层，蔬菜和水果位居第二层，鱼、禽、肉、蛋等动物性食物位居第三层，奶类和豆类食物位居第四层，第五层塔尖是油脂类。平衡膳食宝塔建议的各类食物摄入量是一个平均值和比例，每日膳食中应当包含宝塔中各类食物，且食物的比例也应基本与膳食宝塔一致。

第五层：油脂类不超过 25g。

第四层：奶类及奶制品 100g；豆类及其制品 50g。

第三层：肉类 50～100g；鱼虾类 50g；蛋类 25～50g。

第二层：蔬菜 400～500g；水果 100～200g。

第一层：谷类食物 300～500g。

平衡膳食宝塔要求每人每天应吃谷类食物 300～500g，蔬菜 400～500g，水果 100～200g，鱼、禽、肉、蛋等动物性食物 125～200g，奶类及奶制品、豆类及其制品 100g、50g，油脂类不超过 25g。

但是，日常生活中无须每天样样照着宝塔推荐量吃，如烧鱼比较麻烦，就不一定每天都吃 50g 鱼，可以改成每周吃 2～3 次鱼，每次 150～200g 较为切实可行。实际上平日喜欢吃鱼者可多吃些鱼，喜欢吃鸡肉者多吃些也无妨，但一定要遵循宝塔各层、各类食物的大体比例。

中国居民平衡膳食宝塔是根据《中国居民膳食指南》结合中国居民的膳食结构特点设计的，便于群众理解和在日常生活中实行。平衡膳食宝塔提出了一个营养上比较理想的膳食模式，它建议的食物量，特别是奶类和豆类食物的量可能与大多数当前的实际膳食还有一定的距离，对某些贫困地区来说可能还很遥远。但为了改善中国居民的膳食营养状况，营养理论指导是不可缺少的，应把它看作一个奋斗目标，努力争取，逐步达到。

在应用膳食宝塔时要注意几个要点：

（1）确定好自己的食物需要。

（2）同类互换，调配丰富多彩的膳食。

（3）要合理分配三餐的营养素比重。

（4）要因地制宜地充分利用当地资源。

（5）要养成习惯并长期坚持。

四、食谱编制

科学的食谱编制是按照膳食指南的要求，根据使用者的年龄、性别、工作性质、经济状况和饮食习惯等，结合食物供给的种类、数量和价格，编制出一周或数日内一日三餐的食谱，按科学食谱进食才能将平衡膳食落实到一日三餐中，才能达到合理营养、增进健康的目的。

在日常生活中，我国很少有家庭直接遵从平衡膳食的要求和组成，其原因主要有如下几个方面：其一，缺乏营养方面的知识，不重视平衡膳食的重要性；其二，家庭饮食习惯的制约；其三，嫌麻烦（除计算，还要搭配采购、烹调等）。随着文化水平和生活水平的提高，计算机和网络使用的普及，人们越来越重视生活质量，科学的膳食调理也变得方便快捷，家庭容易接受。随着服务业如食品原料配送、家庭营养小时工的发展，科学调配膳食，制订营养食谱会逐渐成为人们的自觉行为，人们的健康水平和寿命也会不断提高。

科学食谱的编制可采用实际计算结合等价交换法。实际计算法是对进餐者营养素供给量和食物摄入量进行实际计算，再根据平衡膳食的要求和食物原料制订出食谱的方法。

1. 确定进食者每日的热能供给量 食谱编制中要依据进食者的性别、年龄、劳动情况来规定每人每日的热能供给量。一般平衡膳食中碳水化合物的供给量每人每日应占总热能的 60%～70%，脂肪占 20%～25%，蛋白质占 10%～15%，如一个从事轻体力劳动的成年妇女，按我国营养素供给量标准每日供给热能为 10 041.6kJ，如果按碳水化合物占总热能的 68%、脂肪占 20%、蛋白质占 12%的比例，则每日供给热能营养素为：

碳水化合物：10 041.6×68%/37.7=181g

脂肪：10 041.6×20%/37.7=53g

蛋白质：10 041.6×12%/16.7=72g

除数是营养素的能量系数。

2. 确定各类食物的摄入量 按照中国居民平衡膳食宝塔建议，一般成年人每日摄取的食物种类及其营养素为：

（1）粮食类 500g，其中蛋白质约 40g，碳水化合物 350～400g，热能近 8400kJ，粮食类食物会有较多的维生素 B_1 和维生素 B_5 等。

（2）蔬菜水果 500～700g，包括各色蔬菜、水果，可基本保证胡萝卜素、维生素 B、维生素 C 和钙、铁等无机盐的摄入量。

（3）肉、鱼、蛋类 125～200g，奶类及奶制品 100g，约提供优质蛋白 25g，还可提供一定量的维生素和无机盐。

（4）豆类及豆制品 50g，其中含蛋白质约 20g，豆油 10g，维生素 B_1、维生素 B_2 和钙、铁等无机盐。

（5）油脂，主要是植物油，应达 10g 以上。

根据营养素的需求量确定食物的种类和数量后，再根据成分表初步计算其营养素和热能，计算结果与热能及营养素需要标准（参考《中国居民膳食营养素参考摄入量》，WHO

建议各种营养素每日摄入量）相比较，若相差>10%，则进一步调整；若相差在10%以内，即可认为符合平衡膳食的要求。

一日平衡膳食确定后，就不必每日计算，只要确定各类食物基本消耗数量后，则可按此原则适当调换食物即可。

3. 确定一日三餐的热能分配 早、中、晚三餐的热量分别占总热量的30%、40%、30%，可根据进餐者的工作情况和休息时间具体调整，特别要保证早餐有足够的热能供给。

4. 安排每天的食物能量搭配 在初步确定各类食物的种类和数量后，要根据不同季节、市场的食品来源、进餐者的饮食习惯和经济条件等确定具体的食物种类。一般粗细粮之间、细菜与一般蔬菜之间、鱼肉蛋禽之间、豆制品之间按营养价值对等情况在各品种之间搭配食用。总之，要以粮代粮、以豆换豆、蔬菜代蔬菜、动物食品之间互换，注意食物品种的多样化，同时在加工烹调时尽可能地符合进餐者的饮食习惯，注意食品的感观品质，提高进餐者的食欲。

5. 食谱举例 基本原则为早吃好、午吃饱、晚吃少。

（1）早餐：应选择刺激食欲、体积小、热量高、制备省时省力的食物，干稀搭配富含碳水化合物的各类早餐，能够帮助增加血液中的葡萄糖含量，从而增强人的记忆力。

主食：面包、花卷、稀饭、面条、烧饼、馄饨等。

副食：牛奶、豆浆、鸡蛋、火腿、豆制品、果酱、腐乳、花生米、小菜、水果等。

（2）午餐：既要补充上午的热能消耗，又要为下午的工作、学习做好充分的储备，应选择高热能及蛋白质、脂肪、碳水化合物等各种营养素较为丰富的食物。

主食：各种米、面制品，以干食为主，如米饭、馒头、烙饼、窝头等。

副食：各种肉类、鱼类、蛋类、豆制品、蔬菜、水果等。

（3）晚餐：丰盛的晚餐，会因晚上活动少，热能消耗低，多余的热能转化为脂肪储存，使人发胖。古人云“饱食即卧，乃生百病”。因此，晚餐应选择低脂肪、易消化、热能不高的食物，以清淡、素食为主，而且不宜吃得太饱。

主食：各种米、面制品，以稀食为主，如豆粥、八宝粥、馄饨、面条等。

副食：少量的瘦肉类、鱼类、蛋类或豆制品、蔬菜、水果等。

总而言之，科学食谱的制订目的是达到营养均衡，所谓均衡是一个过程概念，是在动态的实际生活中取得的。例如，大量劳动量的工作日不一定摄入与消耗相应的热能，而在休息日里，摄入食物的量有可能大于休息时的体力消耗。这两者可以最终在数天或一段时间保持均衡。体内可以储存一些营养物质，储存量有多有少，储存的期限也长短不一。例如，机体对糖的储备限度很小，却能够储存很多脂肪；维生素A的储存量可满足一年的需要，而维生素C的储存时间却很短。因此，在实际生活中，储存期短的营养素不能长时间缺乏，对于那些营养素缺乏病的患者，他们体内相应的营养物质可能已经耗尽，会危及健康，甚至危及生命。

有一些膳食指导要求人们每一顿饭都达到营养物质均衡，这恐怕只有用母乳喂养的婴儿在摄入充足母乳的条件下才可以实现。实际上，可大量储存的营养素，可不必时常补充，但在体内储存有限且代谢较快的营养素，须及时补充，如果在膳食中明显缺乏，就可能在几周甚至数天内出现缺乏症状。因而，为了切合生活实践，均衡的膳食宜以“周”作为时间单位进行动态的衡量和控制，即制订一周营养食谱，综合考虑营养成分的分配和含量，进而达到平衡膳食的目的。

第十二章　吃出健康　远离癌症

拥有健康、绽放美丽是我们的共同心愿，20 世纪末，国际上围绕医学目的进行了两年的大讨论，最终认为：“医学不仅是关于疾病的科学，更应是关于健康的科学”“好的医生应是使人不生病的医生，而不仅是把病治好的医生”。而中医“治未病”思想的超前性，恰恰是对这一内容的最好诠释。

《素问·四气调神大论》曰：“圣人不治已病治未病，不治已乱治未乱，此之谓也。夫病已成而后药之，乱已成而后治之，譬犹渴而穿井，斗而铸锥，不亦晚乎！”“上工治未病，中工治欲病，下工治已病。”中医中的“治未病”思想正是上述医学目的，而且中医“治未病”已有近 2000 年了，在理论与实践上蕴藏着丰富的内容，它将人们的认识带入“无病世界”的最高境界，也是预防为主的真谛。

我国恶性肿瘤的发生率和死亡率在过去的 20 年中明显上升，在我国的一些主要大城市中，恶性肿瘤已居死亡病因中的首位，成为危害人民健康和生命的主要疾病。在全球范围内也一样，恶性肿瘤已成为人类的主要杀手。国内外对恶性肿瘤的研究投入了大量的人力、物力和财力，包括基础和临床研究两方面。近年来对恶性肿瘤的研究进展迅速，包括肿瘤的病因学、遗传基因、分子流行病学，以及临床方面对传统手术、放射治疗、化学治疗方法的改进，特别是多学科综合治疗概念的提出和应用，新的治疗手段、途径的发明和成功的临床实践。然而在恶性肿瘤的预防、诊断和治疗方面，还没有出现革命性的进步，未知的领域和待解决的问题远远多于我们已获得的知识和已解决的问题，因此恶性肿瘤的研究具有极大的挑战性和艰巨性，同时又存在巨大的发展空间和成功机遇。

第一节　肿瘤相关知识

现代医学认为肿瘤是机体中成熟的或在发育中的正常细胞，在相关因素的长期作用下，过度增生或异常分化而形成的新生物。为了研究肿瘤的发生、演化和防治，建立了专门学科，称肿瘤学。肿瘤学是现代医学科学中的一个重要分支，与许多基础、临床学科有密切联系。由于对肿瘤采用的治疗手段不同，临床上又可分为外科肿瘤学、内科肿瘤学和放射肿瘤学等。

一、肿瘤流行病学的概念及研究范畴

1. 基本概念　肿瘤流行病学是研究肿瘤在一定人群中的发病动态和分布规律，并且为探索病因、开展预防工作及验证预防效果提供依据的一门学科。肿瘤流行病学的主要研究内容是掌握癌情、探讨肿瘤的病因、预防肿瘤发生的措施及考核肿瘤预防措施的效果。它

的研究对象是人群，而不是单个的病例，其最终目的是预防肿瘤的发生和控制肿瘤的发展，以达到改善或促进人类的健康。

2. 研究范畴 肿瘤流行病学研究立足于总体，观察对象不仅限于临床的显性患者和隐性患者，还包括处于癌前状态的患者。因此，只有通过流行病学的观察才能掌握肿瘤发展的全过程（即肿瘤的自然史）。流行病学的研究是直接通过“掌握肿瘤的特征”，弄清人群中肿瘤发生和蔓延的状况，也称为“流行病学诊断”，并从流行病学角度“阐明致癌因素”，从宿主、病因、环境各个环节弄清与肿瘤发生有直接或间接联系的各种因素，包括探讨因果关系，这种因素称为流行病学因素。通过流行病学诊断和流行因素的探讨，施行人群对策。

3. 研究任务 肿瘤流行病学的研究任务可以归纳为五个主要方面：

（1）阐明地区间差别和影响上升、下降趋势的因素。

（2）研究不同社区间发病率与人们生活习惯和环境的相互关系。

（3）比较患恶性肿瘤和不患恶性肿瘤人群间的异同。

（4）对可疑致恶性肿瘤的因素进行干预，并评估其效果。

（5）对发病的状况和疾病模型进行定性和定量的研究，阐明肿瘤发病的机制。

4. 研究方法 肿瘤流行病学的研究方法主要分为描述流行病学研究、分析流行病学研究、实验流行病学研究和理论流行病学研究。肿瘤流行病学研究的是人类发生的肿瘤，通常采用的是非实验性研究方法。流行病学研究最基本、最主要的方法是调查、研究和分析，即根据流行病学设计收集事实、材料和数据，运用统计学方法加以整理、分析对比，从中了解不同人群、时间、地点的发病率和死亡率，提出与发病率和死亡率有关的可疑致病因素，并以此为根据制订防治计划。

（1）描述流行病学研究：是研究肿瘤在不同地区、不同时期和具有不同特征（如性别、年龄、民族、社会经济状况和职业等）人群中的发生频度，是肿瘤流行病学研究的基础和重要组成部分，也是评价预防措施好坏的最终依据。由肿瘤描述流行病学研究得到的一些描述性指标（如癌的新发病例数、死亡数、患病数、发病率和死亡率等），可用于测定肿瘤危害的严重程度，作为制订肿瘤防治计划的依据，也常用作病因假设产生的根据，如为了解释不同地区肿瘤发病率的差异，同一地区不同时间发病率的变化，提出某些环境因素与肿瘤发生有联系的假设。肿瘤发病登记是当今世界肿瘤描述性流行病学研究的最重要的方法。除肿瘤发病登记外，各地区全死因统计为另一重要的描述性流行病学的数据来源。

（2）分析流行病学研究：主要研究疾病的病因，根据描述性研究提出的假设，用回顾或前瞻性调查方式进行研究。发现和分析恶性肿瘤的危险因素是分析流行病学的主要研究目的。

1）病例-对照研究：属于回顾性调查，在肿瘤流行病学研究中这类研究是最常用的，比数比（OR）是常用的指标之一。设病例组和对照组，在两组中回忆某因素的有和无、质和量，通过对比，找出肿瘤与假定因素的关系。

2）队列研究：属于前瞻性调查，从正常人群开始，为了研究某因素或某组因素是否与某肿瘤有关，将一定范围内的人口划为暴露于某因素组和非暴露于某因素组，随访暴露人群和非暴露人群的疾病发生和死亡情况。由于调查开始于发病之前，诸因素的暴露与否及暴露程度等信息的可靠性都明显优于回顾性调查，并可直接计算发病率和死亡率。本方法的缺点是需时长、开支大。队列研究的常用指标为相对危险度（RR）。

（3）实验流行病学研究：又称干预性研究，是人为地改变一种、一组或多种因素，即被研究因素，而其他因素都必须进行严格的控制。最有效的研究是随机双盲现场对照试验。在以人群为研究对象的流行病学研究中，由于医学伦理道德问题，纯实验性研究甚少见。有时为了考核评价某项可能有效的预防措施的效果，将措施用于一部分人，另一部分人不施行该措施或使用安慰剂，然后对这两部分人群随访观察并比较随访结果，这类研究称为干预性研究。虽然设计比较难，执行起来费钱、费时，但对研究病因、开展预防、寻找新的防治办法是必不可少的一个环节。实验流行病学研究目前有三方面的研究工作，包括以化学预防为主的人群化学干预试验，行为干预试验及检验新药、新疗法的临床试验。

（4）理论流行病学研究：是将恶性肿瘤流行的许多现象提炼、概括、抽象，形成一些数学的符号，用数学符号来描述出致癌过程中各种参数的关系。

二、肿瘤流行的环节

肿瘤流行的三个环节为病因、宿主和环境。

1. 病因 分为传染因素、化学因素、物理因素和营养因素等。作为病因，必须符合以下一些条件，①联系的强度：危险因素与疾病的联系越强，越可能是病因性联系。如吸烟与肺癌，无论是病例-对照研究还是队列研究，其相对危险度均在 10 以上。②联系的恒定性：不同患者、不同地区、不同时间，危险因素与疾病的关系是恒定的。③联系的特异性：如果研究的危险因素只引起一种疾病，则病因的可能性较大，但是一般情况下危险因素可能作用于多种肿瘤。这时该危险因素主要作用于一种或几种肿瘤。④剂量-效应关系：暴露于危险因素的不同剂量，造成的相对危险度是不同的。⑤时间-效应关系：暴露于危险因素必须在发生肿瘤之前相当长的一段时间中，恶性肿瘤的潜伏期相当长，因此许多发病前短期内的作用不一定是该肿瘤的病因。⑥生物学上的合理性：许多事物的联系即使是经过统计学检验的联系，也不一定有生物学上的意义。

2. 宿主 宿主的遗传易感性是发生恶性肿瘤的基础。另外，宿主的免疫、内分泌状态等亦与某些肿瘤的发生有关。

3. 环境 可分为生物学、理化和社会环境三大部分。生物学环境包括人们所处的生态环境、动植物环境。理化环境包括人们生活在不同的纬度上紫外线照射的不同，皮肤癌的发生率亦不同；不同职业、不同劳动条件可能发生不同的职业性肿瘤。在不同的社会环境或社会经济环境中，恶性肿瘤的发病率也可不同，宫颈癌好发于经济水平低的人群；社会群体文化素质、风俗习惯、饮食起居、医疗服务和技术水平都对肿瘤有一定影响。

三、肿瘤的概念

恶性肿瘤是一种严重危害人类生命与健康的常见病，其发病与死亡呈逐年上升的趋势。肿瘤是一类多步骤发生的、多基因突变所致的细胞克隆性、进化性疾病。几乎所有肿瘤的最基本特征是细胞的失控性生长。肿瘤细胞虽然来自正常细胞，但两者在结构、功能和代谢等方面均有明显的区别。肿瘤细胞具有超过正常的增生能力，这种增生和机体不相协调。

1. 概念 肿瘤是人体组织细胞在内外各种有害因素的长期作用下，发生基因突变，表达紊乱，调节失控，产生过度增生及异常分化所形成的新生物或赘生物，临床上常以肿块形式出现。这种新生物并非机体所需要，其不按正常规律生长或不可遏止地生长，已丧失正常组织细胞功能，并可破坏原来器官组织结构，进而危及生命。

2. 肿瘤与肿块的关系 肿瘤无论是良性还是恶性，有的确实会形成大小不等的肿块，但肿块不一定都是肿瘤，有的可能是纤维组织增生，有的可能是特殊的瘢痕形成。由于我们绝大多数人自己并不是医生，所以无法判断肿块的性质，必须请专业的医生帮助。无论是癌症还是肉瘤，都属于恶性肿瘤的范畴，而且绝大多数这类病变都会形成程度不一的肿块，所以人们一旦发现机体的某一部位出现肿块，就会高度重视，这是正确的，也是正常的。但是起源于造血细胞组织的一类恶性肿瘤，习惯称为“白血病”，虽然并不直接形成肿块，但其恶性程度比较高，是不可忽视的严重疾病，所以说肿瘤不等于肿块。

3. 肿瘤基本特征 ①发育失分化性：不同程度地失去了分化成熟能力，具有异常的形态、代谢和功能，甚至近似于幼稚的胚胎细胞；②生长持续性：获得了不断增生的能力，表现为与整个机体不相协调的生长。

4. 肿瘤性增生与非肿瘤性增生的区别

（1）肿瘤性增生：肿瘤细胞所获得的新的生长，代谢和结构特性能按照遗传法则不断地传递给子代细胞，且其性质越演越恶，分化越差，生长越旺盛，浸润力越强。

（2）非肿瘤性增生：指生理状态下和炎症损伤、修复等病理状态下的组织细胞增生。其增生有一定的限度，并遵循组织生长的一般规律，即当病因消除或再生完成后常不再继续生长。

从表 12-1 中可以看出，肿瘤性增生与非肿瘤性增生有着本质的区别。

表 12-1 肿瘤性增生与非肿瘤性增生的区别

肿瘤性增生	非肿瘤性增生
异常增生	反应性增生
异常形态代谢和功能	为原组织形态结构代谢改变或纤维肉芽组织
良性或恶性	生理性、修复性、炎症性
机体不需要，有害	适应需要，有利
去除原因后继续增生	去除原因后不再增生
细胞基因突变，增殖分化障碍	细胞增殖的正常调节

5. 肿瘤分类

（1）良性肿瘤：对机体的危害性较小，除非生长在重要部位，一般不会有生命危险。

（2）恶性肿瘤：对机体的影响较严重，如任其发展，常可引起死亡。

图 12-1 是从正常细胞演变成肿瘤细胞的情况，也是良性细胞和恶性增生细胞的比较和区别。

6. 肿瘤的一般形态

（1）形状：球形、扁圆形、梭形、分叶状、息肉状、乳头状、蕈伞状、草莓状、隆突结节状、蟹足状、溃疡状、深穴状等（图 12-2）。

（2）数目：多为一个，也有两个以上。

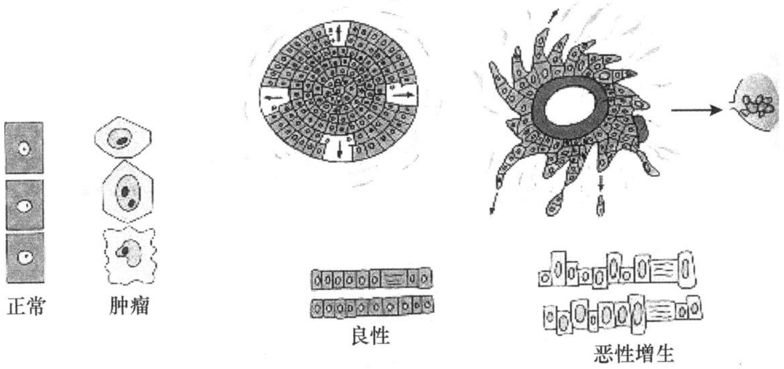

图 12-1 良性与恶性增生细胞对照示意

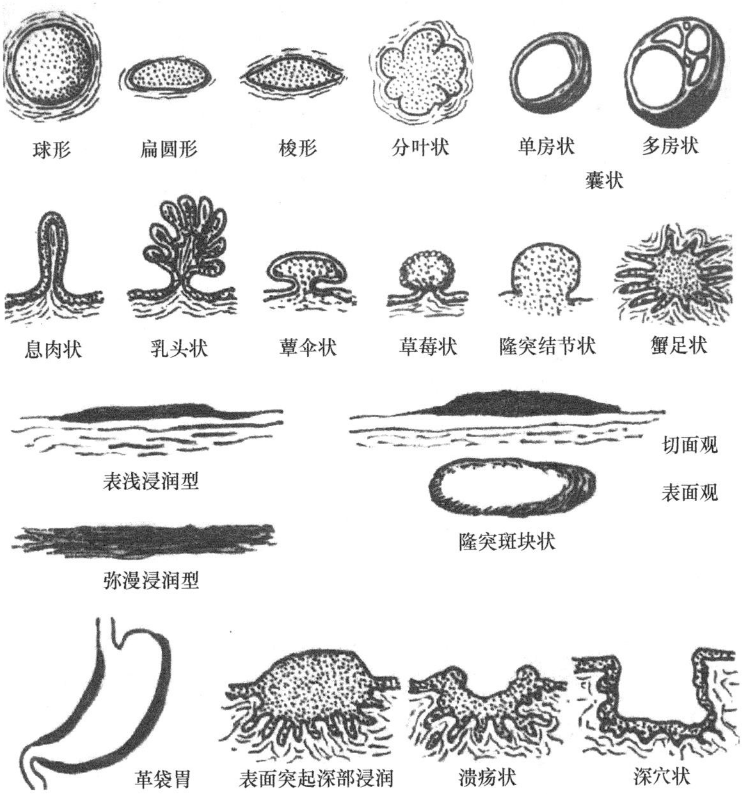

图 12-2 肿瘤的各种形态

（3）大小：小至肉眼见不到（早期），大至数十千克。

（4）颜色：切面多呈灰白色，毛细血管瘤呈暗红色，坏死呈灰黄色，黑色素瘤呈灰黑色，脂肪瘤呈黄色，绿色瘤呈绿色。

（5）硬度：脂肪瘤质软，骨瘤则很硬。质硬如额头；质韧如鼻尖；质软如口唇。

（6）包膜：良性瘤多有包膜，恶性瘤没有包膜或包膜不完整。

7. 异型性概念及意义

（1）概念：肿瘤的实质在组织结构和细胞形态上，与其起源的正常组织有不同程度的差异。

（2）意义：反映了肿瘤的分化程度，即成熟程度。异型性是区别良、恶性肿瘤的主要形态学根据；还反映肿瘤分化程度，分化程度高、异型性小，与其起源正常组织相似，常为良性（图 12-3、图 12-4）。

图 12-3　正常细胞向肿瘤细胞的演变

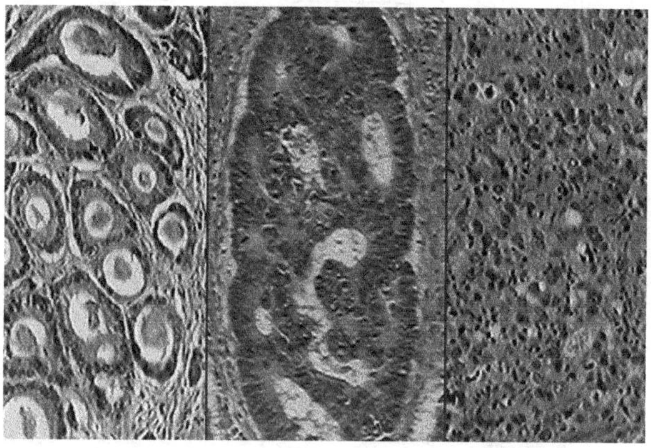

图 12-4　肿瘤细胞的不同分化形态

8. 肿瘤的生长方式与速度

（1）生长速度：取决于分化程度，分化程度高则生长慢，分化程度低则生长快，良性肿瘤恶变表现为突然长快。此外，生长速度还与肿瘤的血供、激素水平等有关。

（2）局部浸润：良性肿瘤多无局部浸润，呈膨胀性生长，周围有纤维性包膜；恶性肿瘤浸润破坏周围正常组织，没有完整包膜，局部蔓延。

9. 肿瘤的扩散

（1）良性肿瘤不扩散。

（2）恶性肿瘤扩散转移：瘤细胞从原发部位侵入淋巴管、血管或体腔，被带到其他处继续生长，形成与原发肿瘤不相连但性质相同的继发性肿瘤的过程称转移，所形成的肿瘤称转移瘤。

（3）直接蔓延：肿瘤向周围组织呈连续性生长，同时破坏周围组织。

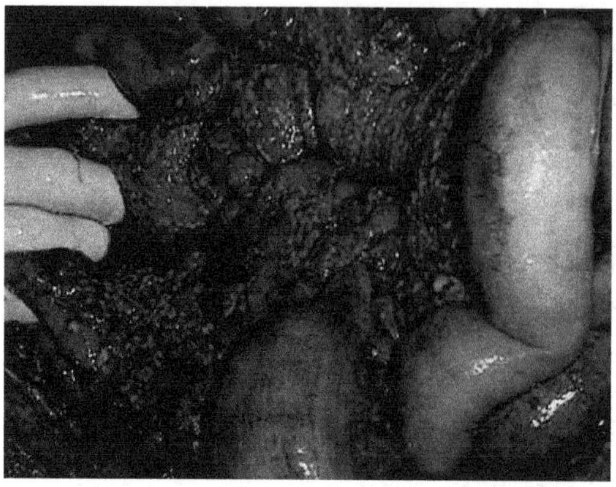

图 12-5　手术造成的种植性转移

（4）种植性转移：内脏器官的肿瘤，侵犯浆膜后，瘤细胞落入体腔，种植在浆膜面上，如肺癌→胸膜腔。同时手术也可以造成种植性转移（图 12-5）。

10. 肿瘤的危害程度

（1）全球性：肿瘤的发生没有地域性，地球上任何角落均有发生肿瘤的可能性，只是由于肿瘤发生部位的不同，其发病率的高低会有所差异。

（2）严重性：良性肿瘤对机体的危害性相对较小，而恶性肿瘤对机体的危害性则非常大，甚至危及生命。

（3）上升趋势：尽管社会在发展，人们生活水平不断提高，但由于肿瘤的发生是多因素作用的结果，所以肿瘤的发病率也在继续提高，而且还有不断上升的趋势。

第二节 肿瘤的病因与发病

肿瘤在本质上是基因病。各种环境和遗传的致癌因素以协同或序贯的方式引起 DNA 损害，从而激活原癌基因和（或）灭活肿瘤抑制基因，加上凋亡调节基因和（或）DNA 修复基因的改变，继而引起表达水平的异常，使靶细胞发生转化。被转化的细胞先多呈克隆性的增生，经过一个漫长的多阶段的演进过程，其中一个克隆相对无限制地扩增，通过附加突变，选择性地形成具有不同特点的亚克隆（异质化），从而获得浸润和转移的能力（恶性转化），形成恶性肿瘤。

一、肿瘤发生的分子生物学基础

1. 癌基因

（1）原癌基因、癌基因及其产物：癌基因是具有潜在的转化细胞能力的基因。由于细胞癌基因在正常细胞中以非激活的形式存在，称为原癌基因。原癌基因可被多种因素激活。原癌基因编码的蛋白质大都是对正常细胞生长十分重要的细胞生长因子和生长因子受体，如血小板生长因子、成纤维细胞生长因子、表皮细胞生长因子、重要的信号转导蛋白质（如酪氨酸激酶）、核调节蛋白质（如转录激活蛋白）和细胞周期调节蛋白（如周期素、周期素依赖激酶）等。

（2）原癌基因的激活有两种方式：①发生结构改变（突变），产生具有异常功能的癌蛋白。②基因表达调节改变（过度表达），产生过量的结构正常的生长促进蛋白。基因水平改变继而导致细胞生长刺激信号的过度或持续出现，使细胞发生转化。引起原癌基因突变，DNA 结构改变的有点突变、染色体易位、基因扩增。突变的原癌基因编码的蛋白质与原癌基因的正常产物有结构上的不同，并失去正常产物的调节作用。通过以下方式影响其靶细胞：生长因子增加；生长因子受体增加；产生突变的信号转导蛋白；产生与 DNA 结合的转录因子。

2. 肿瘤抑制基因 其产物能抑制细胞的生长，其功能的丧失可能促进细胞的肿瘤性转化。肿瘤抑制基因的失活多是通过等位基因的两次突变或缺失的方式实现的。常见的肿瘤抑制基因有 *Rb* 基因、*p53* 基因、神经纤维瘤病-1（*NF1*）基因、结肠腺瘤性息肉（*DCC*）基因和 Wilms 瘤（*WT1*）基因等。*Rb* 基因的纯合性缺失见于所有的视网膜母细胞瘤及部分骨肉瘤、乳腺癌和小细胞肺癌等，*Rb* 基因定位于染色体 13q14 上，*Rb* 基因的两个等位基因必须都发生突变或缺失才能产生肿瘤，因此 *Rb* 基因是隐性癌基因。*p53* 基因异常缺失包括纯合性缺失和点突变，超过 50%的肿瘤有 *p53* 基因的突变，尤其是结肠癌、肺癌、乳腺癌、胰腺癌中突变更为多见。

3. 凋亡调节基因和 DNA 修复调节基因 调节细胞进入程序性细胞死亡的基因及其产物在肿瘤的发生上起重要作用，如 Bcl-2 可以抑制凋亡，Bax 蛋白可以促进凋亡，DNA 错配修复基因的缺失使 DNA 损害不能被及时修复，累积起来造成原癌基因和肿瘤抑制基因的突变，形成肿瘤，如遗传性非息肉性结肠癌综合征。

4. 端粒和肿瘤 端粒随着细胞的复制而缩短，没有端粒酶的修复，体细胞只能复制约50次。肿瘤细胞存在某种端粒不会缩短的机制，几乎能够无限制地复制。实验表明，绝大多数的恶性肿瘤细胞都含有一定程度的端粒酶活性。

5. 多步癌变的分子基础 恶性肿瘤的形成是一个长期的多因素形成的分阶段的过程，要使细胞完全恶性转化，需要多个基因的转变，包括几个癌基因的突变和两个或更多肿瘤抑制基因的失活，以及凋亡调节基因和DNA修复基因的改变。

二、环境致癌因素及致癌机制

1. 化学致癌因素 化学致癌物引起人体肿瘤的作用机制很复杂。少数致癌物质进入人体后可以直接诱发肿瘤，这种物质称为直接致癌物；而大多数化学致癌物进入人体后，需要经过体内代谢活化或生物转化，成为具有致癌活性的最终致癌物，方可引起肿瘤发生，这种物质称为间接致癌物。放射线引起的肿瘤有甲状腺肿瘤、肺癌、骨肿瘤、皮肤癌、多发性骨髓瘤、淋巴瘤等。

（1）直接致癌物：这些致癌物不经体内活化就可致癌，如烷化剂与酰化剂。亚硝胺类是一类致癌性较强、能引起动物多种癌症的化学致癌物质，在变质的蔬菜及食品中含量较高，能引起消化系统、肾脏等多个系统器官的肿瘤。多环芳烃类以苯并芘为代表，将它涂抹在动物皮肤上，可引起皮肤癌，皮下注射则可诱发肉瘤。汽车废气、煤烟、香烟及熏制食品中烷化剂类如芥子气、环磷酰胺等，可引起白血病、肺癌、乳腺癌等。目前应用最广的一种塑料聚氯乙烯，是由氯乙烯单体聚合而成，可诱发肺、皮肤及骨等处的肿瘤。流行病学调查已证实氯乙烯能引起肝血管肉瘤，潜伏期一般在15年以上。某些金属，如铬、镍、砷等也可致癌。

（2）间接致癌物：多环芳烃、芳香胺类与氨基偶氮染料，亚硝胺类，真菌毒素。

2. 物理致癌因素 离子辐射引起各种癌症；长期的热辐射也有一定的致癌作用；临床上一些肿瘤还与创伤有关，如骨肉瘤、睾丸肉瘤、脑瘤患者常有创伤史。

3. 病毒和细菌致癌

（1）RNA致瘤病毒：通过转导和插入突变将遗传物质整合到宿主细胞DNA中，并使宿主细胞发生转化，存在两种致癌机制：①急性转化病毒；②慢性转化病毒。

（2）DNA致瘤病毒：常见的有人乳头瘤病毒，与人类上皮性肿瘤尤其是子宫颈和肛门生殖器区域的鳞状细胞癌密切相关。Epstein-Barr病毒与伯基特淋巴瘤和鼻咽癌密切相关。流行病学调查现实乙型肝炎与肝细胞性肝癌有密切的关系。

（3）细菌因素：幽门螺杆菌引起的慢性胃炎与胃低度恶性B细胞性淋巴瘤发生有关。

三、影响肿瘤发生、发展的内在因素及其作用机制

1. 遗传因素

（1）呈常染色体显性遗传的肿瘤：如视网膜母细胞瘤、肾母细胞瘤、肾上腺或神经核的神经母细胞瘤。一些癌前疾病，如结肠多发性腺瘤性息肉病、神经纤维瘤病等本身并不是恶性疾病，但恶变率很高。这些肿瘤和癌前病变都属于单基因遗传，以常染色体显性遗传的规律出现。其发病特点为早年（儿童期）发病，肿瘤呈多发性，常累及双侧器官。

（2）呈常染色体隐性遗传的遗传综合征：如Bloom综合征易发生白血病和其他恶性肿

瘤；毛细血管扩张、共济失调症患者易发生急性白血病和淋巴瘤；着色性干皮病患者经紫外线照射后易患皮肤基底细胞癌和鳞状细胞癌或黑色素瘤。这些肿瘤易感性高的人群常伴有某种遗传性缺陷，以上三种遗传综合征均可累及DNA修复基因。

（3）遗传因素与环境因素在肿瘤发生中起协同作用，而环境因素更为重要。决定这种肿瘤的遗传因素是属于多基因的。目前发现不少肿瘤有家族史，如乳腺癌、胃肠癌、食管癌、肝癌、鼻咽癌等。

2. 宿主对肿瘤的反应——肿瘤免疫 $CD8^+$作为细胞毒性T细胞在细胞免疫中起重要作用。

（1）肿瘤抗原可分为两类：①只存在于肿瘤细胞而不存在于正常细胞的肿瘤特异性抗原；②存在于肿瘤细胞而与某些正常细胞相关的肿瘤抗原。

（2）抗肿瘤的免疫效应机制：肿瘤免疫以细胞免疫为主、体液免疫为辅，参加细胞免疫的效应细胞主要是自然杀伤细胞和巨噬细胞。

（3）免疫监视：在抗肿瘤的机制中最有力的证据是，在免疫缺陷病患者和接受免疫抑制治疗的患者中，恶性肿瘤的发病率明显增加。

3. 其他与肿瘤发病有关的因素

（1）内分泌因素：内分泌紊乱与某些器官肿瘤的发生有一定的关系，如乳腺癌的发生发展可能与患者体内雌激素的水平过高或雌激素受体的异常有关。此外，激素与恶性肿瘤的扩散和转移也有一定关系，如垂体前叶激素可促进肿瘤的生长和转移，肾上腺皮质激素可抑制某些造血系统恶性肿瘤的生长和转移。

（2）性别和年龄因素：肿瘤的发生在性别上有很大的差异，除生殖器官肿瘤和乳腺癌在女性较多见外，胆囊、甲状腺和膀胱等肿瘤的发病率也是女性明显多于男性，肺癌、肝癌、胃癌和结肠癌则是男性多于女性。性别上的这种差异，其原因除一部分与女性激素有关外，主要可能与男女染色体的不同和某一性别较多地接受致癌因素的作用有关。年龄在肿瘤的发生中也有一定影响。

（3）种族和地理因素：不同的种族由于遗传基因的特点，也会出现肿瘤发病情况的差异。地理位置不同，气候、土壤、水域等自然条件也会不同，对肿瘤发病的协同作用会有很大的区别，所以肿瘤的发病具有明显的地域性。

第三节　肿瘤的临床表现

肿瘤的临床表现取决于肿瘤性质、发生组织、所在部位及发展程度。恶性肿瘤早期多无症状，即使有症状也常无特征性。待患者有特征性症状时病变常已属晚期。

一、肿瘤对机体的影响

肿瘤因其良、恶性不同，对机体影响不同。

1. 良性肿瘤 对机体的影响主要表现在局部的压迫及阻塞作用。

2. 恶性肿瘤 分化不成熟，生长迅速，浸润破坏器官的结构与功能，并可发生转移，对机体影响严重。部分肿瘤分泌的激素可对机体产生影响。

二、恶性肿瘤的早期信号

1. 身体任何部位发现肿块并逐渐增大。

2. 身体任何部位发现经久不愈的溃疡。

3. 中年以上妇女出现阴道不规则流血或白带增多。

4. 进食时胸骨后不适、灼痛、异物感或进行性吞咽困难。

5. 久治不愈的干咳或痰中带血。

6. 长期消化不良，进行性食欲减退，不明原因的消瘦。

7. 大便习惯改变或便血。

8. 鼻塞、鼻出血。

9. 黑痣增大或破溃出血。

10. 无痛性血尿。

注意到这些恶性肿瘤早期信号并及时进行必要的检查，常可发现早期的肿瘤病变。另外，来自有特定功能器官或组织的肿瘤可有明显的症状，如肾上腺髓质的嗜铬细胞瘤早期可出现高血压，胰岛细胞肿瘤伴低糖血症。

三、局部表现

1. 肿块 位于体表或浅在的肿瘤，肿块常是第一表现，相应地可见扩张或增大增粗的静脉。因肿瘤性质不同而硬度、移动度及边界均可不同。位于深部或内脏器官的肿块不易触及，但可出现器官受压或空腔器官梗阻症状。良性肿瘤通常生长缓慢；而恶性肿瘤生长较快，且可发生转移，如淋巴结、骨和内脏器官的转移结节或肿块等表现。

2. 疼痛 肿块的膨胀性生长、破溃或感染等使末梢神经或神经干受刺激或压迫，引起局部刺痛、跳痛、灼热痛、隐痛或放射痛，且较剧烈，尤以夜间更明显。肿瘤引起空腔器官痉挛或梗阻，可产生绞痛，如大肠癌致肠梗阻后发生的肠绞痛。

3. 溃疡 体表或胃肠的肿瘤，若生长过快，可因血供不足而继发坏死，或因继发感染而溃烂。恶性者常呈菜花状，或肿块表面有溃疡，可有恶臭及血性分泌物。

4. 出血 由于肿瘤组织破溃或发生血管破裂可致出血。如上消化道肿瘤有呕血或黑便；下消化道肿瘤可有血便或黏液血便；泌尿道肿瘤除血尿外，常伴局部绞痛；肺癌可有咯血或痰中带血；宫颈癌可有血性白带或阴道出血；肝癌破裂可致腹腔内出血等。

5. 梗阻 肿瘤可导致空腔器官梗阻，随其部位不同可出现不同症状。如胰头癌、胆管癌可致胆道阻塞而出现黄疸，胃癌阻塞幽门可致呕吐，肠肿瘤可致肠梗阻，支气管癌可致肺不张。梗阻的程度可有不完全性或完全性之分。

6. 转移症状 如区域淋巴结肿大；相应部位静脉回流受阻，致肢体水肿或静脉曲张；骨转移可有疼痛或触及硬结，甚至发生病理性骨折；肺癌、肝癌、胃癌可致癌性胸腔积液、腹水等。

四、全身症状

良性及早期恶性肿瘤多无明显的全身症状。恶性肿瘤患者常见的非特异性全身症状有贫血、低热、消瘦、乏力等。若肿瘤影响营养摄入（如消化道梗阻）或并发感染出血，则可出现明显的全身症状。恶病质常是恶性肿瘤晚期全身衰竭的表现。不同部位肿瘤，恶病质出现迟早不一，消化道肿瘤可较早发生。某些部位的肿瘤可呈现相应的功能亢进或低下，继发全身性改变，如肾上腺嗜铬细胞瘤引起高血压，甲状旁腺瘤引起骨质改变，颅内肿瘤引起颅内压增高和定位体征等。不少肿瘤患者以全身症状为主诉，因此，对病因不明而有全身症状的患者，必须重视和进行深入检查。

第四节 肿瘤的治疗方法

目前用于肿瘤治疗的主要手段有手术、化学、放射和生物治疗，其他有效手段还包括内分泌治疗、中医中药治疗、热疗和射频消融治疗等。由于现有各种治疗手段各有其最佳适应证，也各有其不足，所以，为了提高治愈率，应将各种有效手段综合合理运用。

一、肿瘤的手术治疗

手术治疗是许多早、中期实体肿瘤最主要的有效治疗方法，约 60%的实体肿瘤以手术作为主要治疗手段。但对已有扩散的肿瘤，手术治疗通常只能作为姑息治疗手段。

二、肿瘤的化学治疗

肿瘤化学治疗是应用一种或数种化学药物，通过口服或注射达到治疗肿瘤的方法。不同肿瘤的化疗效果差别很大，如儿童急性淋巴细胞白血病、霍奇金淋巴瘤、睾丸精原细胞癌等，治愈率可达 50%以上；而另一些肿瘤化疗治愈率低，但可延长生存，如小细胞肺癌、急性粒细胞性白血病、非霍奇金淋巴瘤等；还有一些只能起到姑息作用，即减轻症状和痛苦，如前列腺癌、胃癌、食管癌等。手术前后的合理化疗，有助于提高疗效。

三、肿瘤的放射治疗

恶性肿瘤对放射线最为敏感，放射线（主要是X射线和 γ 射线）对恶性肿瘤的抑制和损伤也最强。有的肿瘤经过放疗甚至可以治愈或代替手术治疗，如鼻咽癌、食管癌、淋巴瘤等。

四、肿瘤的生物治疗

肿瘤生物治疗，采用的是现代医学生物技术，主要是：①细胞因子治疗；②体细胞治疗（包括造血干细胞、树突状细胞、CIK 细胞、TIL 细胞）；③抗癌抗体和生物导向治疗（如利妥昔单抗）；④基因治疗；⑤抗生长因子受体治疗（药品如吉维克）；⑥抗肿瘤新生血管治疗等。

五、肿瘤的内分泌治疗

早在 19 世纪末人们就发现，改变体内内分泌环境的平衡，能使某些肿瘤消退，但内分泌治疗必须与其他治疗手段综合使用，否则就不能达到根治的目的。

第五节 肿瘤的预防

无论在发达国家还是发展中国家，恶性肿瘤的危害不容忽视，由于人口的老龄化等，恶性肿瘤增长的趋势一直未减，恶性肿瘤的预防与控制已经成为世界各国无法回避的公共卫生问题。在环境因素致癌的理论提出后，人们发现 80%～90%的肿瘤是由环境因素造成的，包括生活方式、膳食、社会经济和文化等。因此，从理论上说大部分人类肿瘤是可避免的。WHO 提出的“1/3 肿瘤患者可以预防，1/3 肿瘤患者可以治愈，1/3 肿瘤患者可以延长生命、提高生存质量”是对肿瘤预防与控制工作的高度概括，也是肿瘤防治工作为之努力的目标。

一、综合预防

综合预防，为肿瘤的一级预防，即病因学预防，指对一般人群消除或降低致癌因素、促进健康、防患于未然的预防措施。有效的预防措施包括以下几个方面：

1. 戒烟 吸烟与肺癌等癌症的因果关系已被全球多次流行病学研究所确定，提供了迄今为止人类预防癌症的最好机会，并为若干发达国家的实践所证实。控制吸烟可减少 80%以上的肺癌和 30%的总癌死亡。

2. 节制饮酒 饮酒会诱发许多肿瘤，主要有咽、口腔、食管，并与吸烟有协同作用。

3. 免疫接种 已明确证实人乳头瘤病毒与女性宫颈癌的发生有关，乙肝病毒可增加原发性肝癌的危险。

4. 防止职业癌 如防止工作环境中的电离辐射、石棉等。

5. 健康教育、健康促进 把已知肿瘤的危险因素、保护因素通过各种形式、途径告诉广大群众，使他们建立合理的饮食习惯、健康的生活方式等。

二、肿瘤的二级预防

肿瘤的二级预防，即发病学预防，指对特定高风险人群筛检癌前病变或早期肿瘤病例，从而进行早期发现、早期诊断和早期治疗，其措施包括筛查和干预试验。

1. 宫颈癌筛查 宫颈涂片已取得了广泛的认同，是降低宫颈癌死亡率的首选方法。高危性人乳头瘤病毒检测，目前在许多国家已开始用于高风险人群筛查。

2. 乳腺癌筛查 在摄片技术比较高的条件下对乳房摄片，可降低乳腺癌死亡率；向群众教授乳房自检。

3. 结直肠癌筛查 大便隐血可筛查早期结直肠癌；乙状结肠镜普查可明显降低其死亡率。

4. 胃癌的普查 胃癌的内镜筛查使早期胃癌的发现率超过 40%。

5. 食管癌的早期诊断和治疗 我国林县（今林州市）开展的内镜下碘染色+指示性活检筛查食管癌，取得了良好的效果。检查发现的食管上皮重度不典型增生/原位癌可采取内镜黏膜切除、氩离子凝固治疗等微创治疗，效果良好。

三、肿瘤的三级预防

肿瘤的三级预防是指对肿瘤患者防止复发、减少并发症、防止致残、提高生存率和康复率及减轻由肿瘤引起的疼痛等措施，如三阶梯止痛、临终关怀等。三阶梯止痛：疼痛是一种令人不愉快的感觉和情绪上的体验，伴随着现在的或潜在的组织损伤，系癌症的常见症状。据 WHO 统计，全世界癌症患者伴有疼痛的比例为 30%～50%，晚期患者为 60%～90%。疼痛影响患者的活动、情绪、生活质量和治疗的依从性，已逐渐成为医疗界关注的焦点。根据疼痛的轻重程度按三阶梯分别给予非阿片类（阿司匹林、吲哚美辛、对乙酰氨基酚、萘普生等）、弱阿片类（可待因、曲马多、氧可酮、右丙氧酚等）、强阿片类（吗啡、芬太尼、美沙酮、二氢吗啡酮等）止痛药物，非阿片类止痛药物可在第二、三阶梯与弱阿片类、强阿片类药物联用以增加疗效。此外，三阶梯均可根据疼痛的病理生理选择联用辅助药物，如皮质类固醇激素泼尼松、地塞米松等，抗抑郁药物阿米替林、氟西汀等，抗惊厥药苯妥英钠、卡马西平等。

临终关怀是对临终阶段患者包括其家属的特殊服务，实际上也是一种对临终患者处置死亡的方式。在我国，临终阶段指患者处于生命末期，在2～3个月内死亡不可避免。所谓临终关怀，是采取姑息治疗的方法，以减轻患者痛苦为目的，让患者得到身体、精神上的舒适。一般认为除了解除患者痛苦所用的纯医学上的治疗外，更重要的是，我们应该多跟患者谈心，让他们想起一生中最快乐的时光，并使其在人生的最后时光得到外界的关怀，解除心理上的孤独，尽量忘记病痛，让他们感到自己生命的价值，即使在人生的最后一刻依旧保持尊严，让他们能够满足、舒适地离开，不留遗憾。

四、吃出健康，远离肿瘤

流行病学研究发现，约40%的癌症患者与饮食习惯、食物加工、烹饪方法等因素有关，30%的癌症与生活习惯，特别是与吸烟、喝酒有关。因此，只要我们合理饮食，保持良好的生活方式，许多癌症是可以预防的。

1. 养成良好的饮食习惯 三餐饮食有规律，不暴饮暴食，冷热要平衡，杂精要搭配，膳食均衡。注意食物多样化，以植物性食物为主，如蔬菜、水果、谷类和豆类应占 2/3 以上。

2. 顺应天然，少吃精加工的食品 少吃酸渍、盐腌、烟熏、烧烤、煎炸及添加色素香精的食品。

3. 多吃淀粉类食物 经常吃各种谷类、豆类、红薯、植物类根茎。食物中的淀粉有预防结肠癌和直肠癌的作用，高纤维饮食有可能预防结肠癌、直肠癌、乳腺癌、胰腺癌的发生。

4. 多吃蔬菜水果 每天应吃400～600g果蔬，保持五种以上，且常年坚持，才有持续防癌作用。吃水果的原则为饭前1小时，饭后2小时。

5. 减少红肉摄入量 红肉（即牛、羊、猪肉）会增加结肠癌、直肠癌、胰腺癌、肾癌、前列腺癌、乳腺癌的危险。每天吃红肉应少于90g，最好用鱼和家禽代替红肉。

6. 限制盐和调料 限制腌制食品的摄入并控制盐和调料的使用，高盐饮食会增加胃癌的患病率。

7. 不吃污染霉变食物 不要食用过期或可能受真菌毒素污染的食物。不吃含黄曲霉素的食物，如发霉的花生、花生酱等，这些食物具有相当强的致癌性。

8. 合理进补来提高免疫力 适当补充一些提高免疫力的食物，如虫草、人参皂苷Rh2、蜂王浆、灵芝、枸杞、黑木耳、红枣等；多吃具有抗癌作用的食物，如红薯、西蓝花、胡萝卜、洋葱、番茄、甜菜根、黄瓜等。

五、科学抗癌，关爱生命

科学利用舌尖上的美食，是达到健康长寿最经济、最有效的方法之一。

1. 黄豆 营养丰富，含有的异黄碱素，能防止癌细胞侵害邻近的健康细胞，避免形成肿瘤。它主要预防乳腺癌。其他豆类还有黑豆、红小豆等，均能帮助保持肠、胃畅通，排出体内代谢毒素，达到防癌作用。

2. 番茄 红彤彤的番茄是有名的防癌战士，其防癌效用已获认同。它含有的番茄红素能降低恶性肿瘤产生的概率，对胃癌、肺癌和睾丸癌尤有对抗功效。生番茄原汁原味，有助于人体吸收大量维生素 C，但倘若目标是吸收番茄红素，则熟食效果更佳，因为生番茄不容易释出脂溶性的番茄红素。

3. 绿茶 茶叶分三类，一种是经过完全发酵的黑茶，如普洱；一种是半发酵的，如乌龙；还有未经发酵的绿茶，如龙井。茶叶内含有茶多酚，有抗氧化的功效，不过这种成分会随着发酵过程而逐渐消失。因此，绿茶的防癌功效最好。茶多酚的抗癌作用，在于它能在癌细胞形成初期遏止其分裂，减慢其扩散速度。资料显示，每日饮绿茶 10 杯以上的人，即使患上癌症，病发的平均年龄亦比其他人晚 9 年，而日本人常饮的绿茶，更具有比维生素 E 强 20 倍的抗氧化效果。

4. 小麦 我国南方人的主要粮食是米饭，但美国研究却发现，小麦抗癌作用更佳。研究人员检查了 20 种癌症，发现喜欢吃面包和麦片等小麦成品的人，患癌机会是其他人的 1/3。小麦含大量纤维，对我们的消化系统有好处，能够排走体内毒素，与市面流行的排毒观念如出一辙。

5. 蔬菜 多吃蔬菜绝对是健康之选，蔬菜是我们“抗癌战士”的重要一员。绿色的蔬菜含大量维生素 C，具有抗氧化的功效，能够强化健康细胞，抵御癌细胞的侵袭。美国调查发现，多吃蔬菜可以减少消化系统及呼吸器官致癌的危险，尤其是化学物质引起的癌症。

另外，女性每周吃 2 次或 2 次以上菠菜，乳腺癌发病率较低；萝卜含木质素化合物，可以提高人体内巨噬细胞的功能，它是吞食细菌和癌细胞的有力武器；洋葱含微量元素，可增强人体免疫能力；大蒜能杀菌，中国山东等地的人喜欢多吃大蒜，癌症发病率最低；海藻类食物含大量无机盐，如钙，可以把体内的有机物转化成无毒的物质，达到净化血液的功能。

洋葱做菜，不但味道极佳，且营养丰富。洋葱属碱性食物，并含有糖、无机盐、锌、硒（抗癌物质）、磷、硫等。常食能使脸色红润，增强膀胱功能，还具有止咳、祛痰、利尿等有益于健康的作用。它同时含有多种维生素，对维生素缺乏症，亦有补益作用。据研究发现，洋葱含有二烯丙基二硫化物、二丙基二硫化物等，具有杀灭多种病菌及抗血管硬化和降低血脂、预防血栓形成等功能，故对中老年人更有好处，应常吃。国外研究人员最近发现，实验鼠食用普通的药草和其他蔬菜后，如食用洋葱、芹菜等，与没有食用这些蔬菜的老鼠相比，其骨质损耗较少。他们还研究了切除卵巢的雌鼠，以模拟最容易患骨质疏松症的绝经妇女，结果发现，雌鼠每天摄入的洋葱越多，其骨质损耗越少。研究人员说，如果这一结果在人身上也适用，那么吃洋葱也可预防骨质疏松症。

六、挡住癌从口入

世界癌症研究基金会曾明确指出，不良饮食习惯可导致 30 多种癌症，每年因癌症死亡的患者中，有 1/3 和不良饮食习惯有关。日常饮食中，我们不妨牢记五个关键字，尽可能挡住癌从口入。

1. 吃“鲜” 多项研究指出，多吃新鲜食物有助于防癌。世界癌症研究基金会发现，多吃新鲜水果和蔬菜可降低咽癌、喉癌、食管癌等多种癌症的发生概率。新鲜果蔬所含的抗氧化剂、类胡萝卜素、维生素 C、类黄酮类化合物及其他活性成分有抗癌之效。尤其是十字花科蔬菜，含醌和酚，醌可冲淡致癌物质并加速排出体外；酚可阻止癌细胞代谢。人们每日应至少吃 400g 不同种类的新鲜果蔬，最好包括红、绿、黄、紫等颜色。相反，久放霉变的食物千万别吃。花生、大豆、米、面等发霉后，可产生强致癌物黄曲霉素，可导致肝癌、胃癌等。另外，尽量别吃隔夜菜，放置时间超过 8～10 小时的菜通常含有亚硝酸盐，加热次数越多含量越多。

2. 吃“淡”　高盐饮食与胃癌的发生有着密切关系。日本癌症中心研究所针对 4 万名中年人进行为期 11 年的随访发现，对男性而言，食盐多者患胃癌风险比食盐少者高 1 倍，而在女性中，食盐多者患胃癌风险也显著高于食盐少的人。研究者表示，这是因为人体食用过量高盐食物后，食盐的高渗透压会对胃黏膜造成直接损害，随之发生一系列病理改变。高盐的腌制食物中含有很多亚硝酸盐，可与食物中的胺结合成亚硝酸胺，具有极强的致癌性。建议大家每人每天吃盐不超过 5g 或 6g。烹调时还要注意“隐性盐”的存在，如味精、酱油、酱料，调味包中也含盐，需要控制用量。除少吃盐外，清淡饮食还应控制吃肉量。美国国家科学院报告指出，脂肪与癌症关系最为密切，特别是乳腺癌、大肠癌与前列腺癌。世界癌症研究基金会建议，每周畜肉和禽肉摄入量要少于 500g，尽可能少吃加工肉制品。

3. 吃“粗”　食物中缺乏膳食纤维，是近年来癌症患者增多的重要原因之一。各种粮食本来都是膳食纤维的来源，但受到加工的影响，加工越精细，膳食纤维损失越多。所以人们最好刻意吃点“粗”。富含膳食纤维的食物如黑米、玉米面、荞麦面、鲜玉米、小米等主食；香菇、金针菇、毛豆、蚕豆、蒜薹、茭白等蔬菜；石榴、桑葚、梨、猕猴桃、鲜枣等水果；黑芝麻、松子、干杏仁、干核桃等坚果。

膳食纤维进入体内后，可刺激胃肠道蠕动，促进排便，减少肠道吸收致癌物，预防大肠癌。值得推荐的是，豆类脂肪少、纤维多，不仅可有效降低患子宫内膜癌的风险，由于含较多抗氧化物质，还能预防乳腺癌。粗粮中还含有丰富的钙、镁、硒等微量元素和多种维生素，可促进新陈代谢，增强体质。其中，硒是一种抗癌物质，可与体内各种致癌物“绑在一起”，通过消化道排出体外。建议大家在日常饮食中适当增加粗粮的摄入量。例如，把小麦面、玉米面掺在一起，做成杂面馒头或面条；把红小豆、绿豆混在一起煮杂豆粥。但要注意无论哪种粗粮都以蒸煮等少油、少盐的烹饪方法为佳。

4. 吃“苦”　不少人排斥带点苦味的食物，殊不知，苦味食物有很好的防癌功效。柠檬、柑橘、西柚、葡萄柚等水果都有点苦味，因为它们含有一种叫“柠檬苦素”的物质。柠檬苦素是一种植物化学物，通常存在于成熟的果实里，柠檬类果实中含量尤多。多年研究发现，柠檬苦素在增强免疫力方面功效明显，可帮助肿瘤患者增强抵抗力。美国研究发现，食用柑橘或橘子汁就可吸收柠檬苦素，对口腔癌、肺癌、乳腺癌、胃癌等有预防作用。柑橘类水果还含有多种黄酮类物质和类胡萝卜素，也有防癌作用。

研究还发现，食物中的其他天然苦味物质也有一定保健作用。例如，柠檬和柚子中的柚皮苷、茶里面的茶多酚及红酒和巧克力中的多酚，都是有助于预防癌症和心脏病的成分。苦瓜中的奎宁精能提高人体免疫力，帮助控制血糖。所以，防癌饮食必须吃点苦。

5. 吃“酸”　醋是中国老百姓厨房中最普通的调味品，含多种氨基酸和有机酸。研究证实，食醋中含有一种酶，具有杀菌作用，能抑制癌细胞生长，降低黄曲霉素的强致癌性。

此外，醋还能预防高血压、高血脂、高血糖，减轻疲劳等。烹饪中很多时候放点醋，可使菜肴既健康又美味。例如，炒土豆丝、炒豆芽、炒藕片时放点醋，能让菜肴脆嫩爽口；炒紫甘蓝时放点醋，能让菜肴颜色更鲜艳；熬小鱼、炖排骨时放点醋，醋能跟钙结合成醋酸钙溶解出来，从而提高骨头汤中钙离子的含量，使骨头汤的营养价值更高，且便于被人体吸收，对身体健康有益。除了醋，酸奶也是常见的酸味食品。有研究证实，常喝酸奶可抑制肿瘤。研究人员先人为地使老鼠患上肿瘤，再将它们分为两组，一组饲料中加酸奶，另一组不加。结果显示，前者肿瘤明显得到抑制，与后者相比，肿瘤细胞减少 30%～35%。究其原因，研究人员认为，乳酸有助于抑制大肠杆菌等有害细菌滋生，并能吞噬致癌物质，削弱其致癌性。酸奶虽好但不能过食，成人每天喝酸奶不应超过 400g，除非是钙需求量很大的孕妇、乳母或发育期青少年。胃酸过多者应避免饭前喝，空腹喝酸奶可促进排便，适合便秘者饮用；相反，腹泻者则不适合，普通人饭前饭后均可。

实际上，吃出健康，远离肿瘤，是一个系统工程，涵盖多个层面，涉及多种因素（图 12-6）。

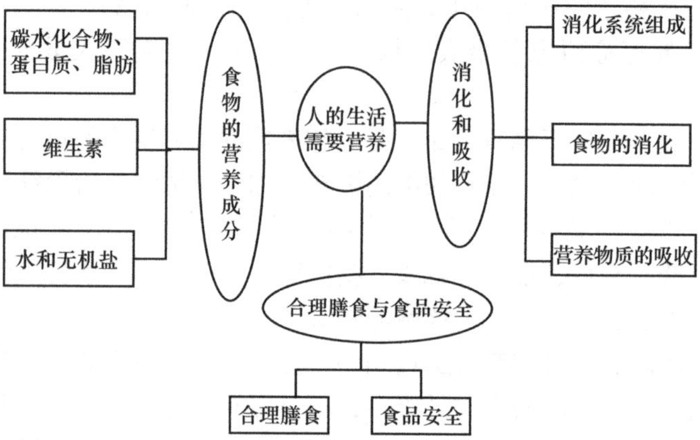

图 12-6　吃出健康的综合因素

第十三章　加强健康传播　提高人民健康水平

我们的宗旨是加强健康传播，提高人民健康水平。我们的目的是围绕传播健康理念、普及医学知识、倡导社会参与、研讨传播技能、探索实践经验等内容，为关心关注健康教育和健康促进的各方提供一个充分交流的平台。这对于倡导健康生活方式，提高全民健康水平具有非常重要的意义。

第一节　健康传播与疾病预防

实际上，近 100 年的医学研究使人类的健康状况不断得到改善，以往谈之色变的疾病，如鼠疫、霍乱等得到了有效的控制，结核病、伤寒不再是“死刑缓期执行”的代名词，人类健康的发展正大步迈向一个新的纪元。与此同时，健康传播也呈现出一些新的特点，集合社会力量、经济力量、政治力量、国际力量和学术力量的加入，即“社会化”的发展方向，将是 21 世纪健康传播发展的大势所趋。

一、健康传播的内涵

健康传播是将医学研究成果转化为大众的健康知识，通过态度认识和行为干预的改变，提高公众的自我保健能力，提高预防和降低疾病发生，有效提高公众生活质量和健康水平，从而减轻国家和家庭的医疗经济负担。

健康传播既是保障和增进公众健康的重要手段，也是应对诸多健康问题和各种挑战的主要策略。

由于不良行为和生活方式与疾病之间的密切关系，健康教育与健康促进成为 21 世纪公共卫生战略性策略。健康传播活动为医学研究成果与大众健康知识、态度和行为之间的联络，在内容上实现了从“提供生物医学知识”到“促进行为和生活方式改变”的主要转变。倡导合理营养和良好的饮食习惯等对预防控制慢性非传染性疾病具有积极的作用，健康促进在这一领域中扮演着必不可少的角色。

健康和艺术一样是全人类共同的话题，世界上任何一个国家的人们都会投以关注。我国现在正处于一个社会转型时期，公共卫生、国民健康问题将成为我国经济、社会发展的一个关键问题，解决得好，可以成为改革进步的推动力；解决得不好，也将成为社会发展的瓶颈。

目前，我国政府正在大刀阔斧地进行医疗体制改革，包括农村基本医疗、城市低收入群体的医疗问题等，各级医疗单位也在努力为患者建立人文医疗环境，这些都应该将健康传播考虑进去。

从国情来看，健康传播在我国会有广阔的发展前景，理论的发展将为实践打开更广阔的视野，对我国健康传播在实践层面的指导大有裨益。

“健康是人全面发展的基础，关系千家万户的幸福”，我国已经把“人人享用基本医疗卫生服务”作为全面建设小康社会的一项重要奋斗目标。

健康在人类发展议程中，越来越处于中心位置，世界关注健康，成为我们这个时代的潮流。国民健康既是经济发展和社会进步的根本目标，也是实现经济社会发展的基本条件，国民健康水平是一个国家经济社会发展水平的综合反映，已经成为国际社会的共识。

二、不治已病，治未病

开展健康传播活动，加强健康教育与健康促进，提高人民群众的健康素养，改变不健康的行为习惯和生活方式，提高公众对疾病预防的意识和技能，防患于未然，这是公认的解决公众健康问题最经济、最有效的方法。

目前，卫生部门已经制定完成“健康中国 2020”战略，这一战略是以提高人民群众健康水平为目标，以解决危害城乡居民健康的主要问题为重点，采用适宜技术，以政府为主导，动员全社会参与，切实加强对影响国民健康的重大和长远卫生问题的有效干预，确保到 2020 年实现人人享有基本医疗卫生服务的重大战略目标，实现“健康中国 2020”战略确定的目标，完成各项服务，需要依托实施一大批切实可行的重大行动计划，健康教育与健康促进行动就是这些重大行动计划中的重要组成部分。

前面我们已经提到，健康传播是一门科学与艺术的融合。以健康为中心，健康传播力图达到改变个人和群体的知识、态度、行为，使之向有利于健康方向转化的目的，依据健康传播对人的心理、行为的作用，可按达到目的的难易层次，健康传播的效果由低级到高级可以分为四个层次：知晓健康信息、健康信念认同、形成健康态度、采纳健康行为。遵循这四个层次，可消除或减少影响健康的危害因素，预防疾病，促进健康和提高生活质量。

第二节　健康传播的概念

健康的概念我们已经知道，实际上，将我们已知的科学知识、医学常识告诉他人的途径和方法，就形成了健康传播的内容。

一、健康传播的狭义概念

健康传播是一种将医学研究成果转化为大众健康知识，并通过态度和行为的改变，以降低疾病的患病率和死亡率、有效提高一个社区和国家生活质量及健康水平为目的的行为。

健康传播研究的议题涉及广泛，既包括以艾滋病预防为首要任务的内容，也包括药物滥用预防、医患关系、计划生育、癌症的早期发现、戒烟等内容。这一概念反映了研究者明显的社会学研究视野和倾向，关注个人、健康、社会三者之间的交互关系，以提高大、中健康水平为出发点和归宿。

二、健康传播的广义概念

健康传播是以传播为主轴，借四个不同的传播层次将健康相关的内容发散出去的行为。健康传播分为四个层次：自我个体传播、人际传播、组织传播、大众化传播。在自我个体传播层次，有个人的生理、心理健康状况；在人际传播层次，有医患关系，医生和患者家属的关系；在组织传播层次，有医院与患者之间的关系，医护人员的在职训练；在大众化传播层次，有媒介议题设置、媒介与受众的关系等。

三、健康传播学

传播是人类社会古老的行为，可以说，自从有了人类就有了人类的传播活动。然而长期以来传播只是作为一种方式和工具而存在，在哲学、社会学、医学等学科相继建立以后，传播学学科仍未真正地出现，正如有“传播学鼻祖”之称的施拉姆说过：传播是最繁忙的交叉口，但许多人只是路过而未曾逗留。

1. 这种情形直到20世纪40年代才得以改变，此后，传播学（特别是大众传播学）得到迅速的发展。随着研究的不断深入，加之与相关学科的融合，研究者的视野获得了拓展，研究领域得以扩大，出现了传播学的分支学科，健康传播学就是其中的一支。

2. 健康传播学是健康学和传播学相结合的产物，由于两者在学科构成、理论背景、研究方法等诸多方面有相似之处，因此有学者提出将（广义）健康传播学划分为“健康的传播学”和“健康中的传播学”两个分支。两者的研究内容有所区别。

“健康的传播学”研究指的是：从传播学的角度，运用传播学的理论和方法考察人们各种与健康有关的行为和观念。这一类研究应由医疗健康领域之外的职业传播者进行。“健康的传播学”研究为应用、修改和检验传播学的原理和方法提供了一个机会。健康领域和健康问题为传播学理论的应用提供了新的试验场。

“健康中的传播学”研究则指的是：在维护和促进健康的过程中运用了传播学的理论和方法。换句话说，就是运用传播学理论和方法，从事与健康促进相关的应用性研究，研究者应为在医疗健康领域内工作的应用性的传播学者。“健康中的传播学”研究的宗旨是使健康学界懂得应用传播学中有关传播行为的原理和概念进行健康问题研究，包括医患关系的研究、人群对疾病的反应方式及进行社会流行病学调查等。

“健康的传播学”与“健康中的传播学”虽然是广义健康传播学的两个分支，但两者之间又有相互关系。

第一，“健康的传播学”和“健康中的传播学”两者在研究内容上并不是截然分开的，如“医患关系研究”就是如此。但两者的研究取向和侧重点会有所不同，前者将医患关系当作一种特殊的人际传播模式加以考察，关注的是传者、受者、讯息、媒介和效果等诸多方面，得出的结论也是传播学意义上的。而后者更为关心的是如何在这种特定的传播方式和环境下提高效率，得出的结论更具有实用性。

第二，两类研究的性质不同，前者倾向于基础性研究，后者则更倾向于应用性研究。

第三，两类研究所取的角度和立场不同，“健康的传播学”研究是传播学者站在医疗健康领域之外，运用传播的视角对这一领域进行观察。这种观察相对于后者而言，更加客观，更加独立，对医疗健康领域的依附性较小。而“健康中的传播学”研究则是该领域内的传播者，运用传播学的技巧对具体的健康问题进行考察和研究，这种研究相对于前者而言，对策性更强，可操作性更突出，对医疗健康领域的依附性较大。

第四，推动两类研究的动力不同，前者是由传播学问题意识所推动而进行的相对孤立的观察和分析；而后者则是由健康问题意识所推动而进行的应用性研究。

第三节 健康传播的发展历程

健康传播也与其他学科一样，有自己特殊的发展历程和时代背景。

一、美国健康传播的发展历程

西方的健康传播萌芽于 20 世纪 70 年代的美国。1971 年，美国心脏病专家 Dr. Jack Farquhar 和传播学者 Dr Nathan Maccoby 借助于美国斯坦福大学的科研力量开展了一次以社区为基础的健康促进运动，目的在于“通过减轻体重、减少吸烟、降低血压和血脂水平，从而降低心脏病的发病风险”，这就是著名的“斯坦福心脏病预防计划”。这一历时 5 年（1971～1975 年）的健康促进运动是医学工作者和传播学工作者的首次联手，是传播学研究方法在健康领域的首次应用。因而，“斯坦福心脏病预防计划”被公认为美国现代健康传播的开端。

随着 20 世纪 80 年代美国联邦政府“反毒品运动”的开展，“药物滥用预防计划”和“药物的滥用效果研究”项目获得了大规模的财政支持，预防性健康促进方面的研究兴趣不断增强。特别是 80 年代中期全球艾滋病的流行，正式对以疾病预防为主的健康传播学研究产生了巨大的推动力。但直到 80 年代末健康传播在西方才真正蓬勃发展起来，表现为关于这一主题的学术和专业书籍及回顾性文章的繁荣、专业性会议的召开和学校专业人才培养计划的实施。

20 世纪 90 年代以后，美国健康传播研究又有了新的发展，近年来美国“9·11”事件之后的炭疽病毒及欧洲的疯牛病等，给人类社会带来了诸多方面的影响，但也正是因为这些疾病和危机，美国健康传播研究得到从政府到普通民众越来越多的关注与支持，在获得更多资金与关注后，美国健康传播遇到了一个个给人类社会带来切肤之痛的难题，试图从理论的角度对每种新出现的疾病和危机做出反思，提出相应的应对措施和建议，在与这些困难做斗争的同时，美国健康传播逐步走向成熟。

二、中国健康传播的发展历程

我国学术界对于健康传播概念的接纳是这样的：1987 年，全国首届健康教育理论学习研究会在北京举行，会上，第一次系统介绍了传播学理论，提出了传播学在健康教育中的应用，并探讨了宣传、教育与传播的关系等问题。1989～1993 年，联合国儿童基金会与中国政府第四期卫生合作项目中，增加了健康教育项目，目的是广泛传播妇幼保健知识，健康信息的传播及传播技巧的培训问题得到了强调。由此，健康传播概念在项目执行过程中从完整意义上得到了确认。

20 世纪 90 年代以来，传播学在国内迅速发展，但是在健康传播领域进展仍然甚少。一方面，是因为传播学界对国外健康传播研究成果引入较少；另一方面，研究力量在不同学科之间存在的“壁垒森严”的现象极大地妨碍了研究的开展。

目前我国系统介绍西方健康传播的译著和文章还不多，有的只是一些以“医学社会学”和“健康社会学”等为标题的译著。因此，消除学科壁垒，加强相关学科之间的联系和协作，是加快我国健康传播学术研究发展的重要前提。

从发展历程来看，美国健康传播的发展历程与中国有很多相似之处，美国的健康传播最早也是在公共卫生领域中提出，也是预防艾滋病为主的健康传播，推动了美国健康传播迅速发展和对高层次健康传播人才的培养。美国健康传播研究论文开始的时候，也发表在公共卫生期刊或社会学期刊上，但近年来，美国健康传播理论研究已经取得很大进展，产生了很多专门的研究机构与学术期刊，而且吸引了很多除传播学者之外的医疗工作者、社会学者、心理学者、教育学者。

第四节 健康传播的特点

21 世纪是充满希望的世纪，人类在不断征服自然的同时，也在不断地向自然极限进行挑战。高智能电子计算机的广泛应用、人类基因组计划的问世，无不是令人振奋的巨大进步。在与疾病做斗争的路途上，人类同样取得了骄人的成就，从“茹毛饮血”“生死由命”发展到今日克隆技术的问世。

1921 年，卡介苗首次进行人体试种；1928 年青霉素问世，开创了抗生素应用的新纪元；1978 年，人类社会彻底消灭了天花；2000 年，中国成功地消灭了脊髓灰质炎，生命显得越来越可贵，健康变得越来越重要。

人类对健康的渴望和追求，促进了健康传播的发展。健康传播也呈现出一些新的特点。

一、健康传播内容的更新

如果说 20 世纪初人类健康领域是生物医学模式，一个又一个生物医学发现不断给人类社会带来健康的福音，甚至当代人类的健康状态在很大程度上也要归功于生物医学研究成果的话，那么我们的健康正迈向行为医学时代。为什么这么说呢？纵观 20 世纪，疾病的类型发生了变化，由 20 世纪初广泛传播的感染性、传染性疾病，已转变为 20 世纪末的行为性疾病。

这些疾病发生的主要原因与生活方式和行为有关，如吸烟、酗酒、不良饮食习惯、少动的生活方式及吸毒、性乱等。根据 1994 年统计，美国每年大约有 200 万人通过简单的个人生活方式的改变，就能预防疾病甚至延缓死亡。大多数公共健康专家认为下一个促进健康和提高预期寿命的高峰的出现，将有赖于个人和集体生活方式的改变。未来健康科学的发展很可能来自社会和行为科学，而不是来自生物医学。

以艾滋病为例，艾滋病是一种典型的行为性疾病，吸毒和性乱是艾滋病传播的最主要方式。

据调查，泰国性工作者艾滋病病毒感染率达 67.2%；荷兰性工作者感染率为 50%。20 世纪 80 年代末期，阿根廷东北部，静脉注射毒品人群艾滋病感染率达 47%；而在泰国曼谷，1987 年静脉注射毒品人群艾滋病感染率不到 1%，到 1988 年，仅一年时间已高达 40%。

正是由于不良行为和生活方式与疾病传播之间的这种密切关系，使得以行为改变和疾病预防为特征的行为医学显得尤为重要。以此为契机，健康传播在内容上实现了从“提供生物医学知识”到促进行为改变的主要转变，而且确实收到良好的效果。在美国通过以“促进行为改变”为主要内容的健康教育，不安全静脉注射毒品的比例由 1981～1984 年的 50% 下降到 1990～1992 的 5%；1993～1996 年又继续下降到 2%。

与此同时，新增静脉注射毒品人群艾滋病感染率也大幅下降。中国目前造成死亡最多的三大疾病为肿瘤、心脏病和脑血管意外，都与行为因素密切相关。肿瘤的自我检查和最多早期发现，良好的饮食习惯和作息习惯及适度的户外活动等，都对三大疾病的预防具有积极作用。健康传播在这一领域中扮演着必不可少的角色。

二、健康传播方式的更新

传统的健康传播方式分为两大类：第一类，是大众传媒的健康宣传，如健康知识讲座、医学研究动态、专家学者访谈及健康科普。第二类，是专业医疗机构里医患之间的健康知识传播。两者之间几乎是各自独立的，有时甚至是互相排斥的。前者体现的是大众传播的效果，后者体现的是人际传播的效果。

作为传播学中两种最主要的传播方式，大众传播与人际传播各有优势。关于这两方面的研究有很多，传统理论认为面对面的人际传播渠道对行为改变更有效、更重要，而Hornik则认为大众传媒渠道在教育公众方面扮演着重要角色，这种渠道当然也能有效地影响人们的健康行为。

这里有个非常有趣的例子，对于美国大众传媒在艾滋病问题上的报道数量，美国疾病预防控制中心曾有一串精确的数据，从1985～1991年，大众传媒关于艾滋病的报道数量分别为1985年5007篇、1986年5377篇、1987年11 825篇、1988年7584篇、1989年7081篇、1990年8364篇、1991年13 209篇，两次高峰分别出现在1987所和1991年。与此相应，对预防艾滋病具有良好效果的避孕套的销售情况，也出现了戏剧性变化。Moran等做过一项关于1984～1988年美国避孕套销售情况分析研究，结果显示，这段时间内避孕套的销售有了实质性的增加，尤其是在1987年，由1986年的24 050只猛增到28 900只，而其报道显示1991年的避孕套销售也出现明显增加，这反映出媒体宣传报道的增多对人们健康行为产生的影响，即媒体宣传艾滋病知识次数多，避孕套使用人群也更多。

麦克库姆和肖（MoCombs&shov，1972）在研究大众传播效果时提出了议题设置（agenda setting）理论，是指这样一种假说："受众通过媒介不仅了解公众问题和其他事情，而且，根据大众传媒对一个问题或者论题的强调，学习应该对它予以怎样的重视"。

美国大众传媒关于艾滋病问题的报道和避孕套销售数量变化的高度相关性，成为这一理论极好的注脚。但这还不够全面，传统的议题设置理论只是强调了受众对某一事件重要性的认可，而没有提及行为改变。

上述事例则清楚地表明了，大众传媒在改变人们态度和行为方面的重要作用。因此，利用大众传媒进行以行为改变为主要目的和内容的健康传播，不失为一种有效方式。

美国疾病预防控制中心曾于1991～1994年在达拉斯、丹佛、长岛、纽约和西雅图5地开展过一项名为"艾滋病社区示范工程"的健康运动。目标对象是"艾滋病感染的高危人群"，目的是推广避孕套的使用和注射器卫生。由于普通大众传媒的健康教育对此类人群很难起作用，实验者采用了一种名为"行为新闻学"的方法。

将那些同一社区"行为符合健康要求"的居民，特别是那些原先有不良行为，经过短期健康宣传后，经历了行为改变的"早期采纳者"选定为示范群体，将他们行为改变的决定和改变过程编成小故事，通过电视纪录片或社区有线电视新闻报道的形式提供给社区其他居民。结果显示，高危人群在行为改变后，健康有显著的改善。

上述实验的特点在于方法的新颖性，听自己周围熟悉的人做健康宣传，特别是宣传切身体验，其实质类似于面对面的人际交流。而这种人际交流又借助了电视、报纸等大众媒体的作用，使其同时具备了两者的优势，使原先单一方式收效甚微的传播产生了良好的反应，也为将来健康传播方式提供了新的思路；是以社区（或）分群受众为基础的集大众传播、组织传播、人际传播特点为一体的新型传播方式。

三、健康传播技术的更新

20 世纪 90 年代是电子计算机风靡全球的时代，一度被炒得沸沸扬扬的全球信息高速公路和国际互联网的普及，更是将计算机的应用推广到社会的各个领域。健康传播自然位列其中，这无疑给健康传播者提出了挑战。如何应用这些新媒介技术，利用其有效地位进行健康传播服务成为当务之急。

新媒介技术所带来的重要变化及这些变化反过来是如何影响我们构建信息的，归纳起来有四个特征：去整体化、互动性、非同步性、经济性和高效性。

1. 去整体化 消费者和目标受众越来越希望被个体化对待，应向他们提供专为他们选择的、符合他们兴趣的信息，而不是不加选择的大众化信息。这就要求健康传播者在进行传播之前做大量的社会调查，明确目标对象的分群，选择个性化的传播方式和传播内容。分群化“一对一”式的信息传递是健康传播的优选模式。

2. 互动性 是互联网最显著的特点之一，它意味着目标受众将不满足于单纯地接收信息，他们更需要反馈、需要表达自己的意见和要求、需要与传播者对话。这不仅有利于传播者为目标受众明确定位，提供个性化和人性化的传播服务，而且互动本身就包含了人际传播的优点。一问一答，相互交流，将明显改善传播的效果，特别是对特殊分群受众的特殊行为改变，有着不可比拟的优势。

3. 非同步性 传统的大众传媒，特别是广播和电视，由于有着特定的播出时间，受众必须遵照传播者的安排，定时守候才能接收到信息，而互联网的非同步性使得受众可以随时选择自己合适的时间接收信息内容，而且潜在的好处是传播者可以同时发布许多信息，而不必像过去那样必须逐条发布。

4. 经济性和高效性 新媒介的另一个特点是它的经济性和高效性，国际互联网的开通，使得“不出家门，而知天下事”成为可能，正是由于互联网前所未有的广覆盖性，使得传播者只需花费与过去同样多的钱，甚至更少的钱，就能将健康信息传播得更远、更广，大大节省了开支。

综上所述，互联网作为一种新兴的媒介技术，在健康传播领域的应用具有极大的潜能。它兼具大众传播和人际传播的特点，又有两者不具备的独特优势，必将有利于健康传播发挥更好的效果。

然而，需要指出的是：新兴的媒体技术本身并不能提供所有的答案，也并非健康传播成功的“灵丹妙药”。重要的还是信息内容本身及传播者如何能动地利用新兴的媒体技术，使其发挥更大潜能。

四、健康传播的专业化

西方学界关于学科的专业化曾有一个标准：①有足够数量的从业者；②从业者具有非常知性的专业知识和技能；③受过专业的教育和训练；④在专门的机构中工作；⑤具有相应的职业伦理和职业规范；⑥强调公共服务，而非自我利益。

健康传播从起源到现在有几个不同的发展阶段，其中 20 世纪 80 年代美国部分高校传播学院着手培养健康传播的专业人才，称得上是一个重要的阶段，它标志着健康传播向“专业化”的发展迈出了重要的一步。这一方面，美国的健康传播走在了前头。

“健康传播需要什么样的专业人才，或者说高等院校应该为社会输送什么样的专业人才”一直是个有争论的问题。1994 年美国为此特地组织了一个由著名高校相关学科的专家学者组成的“课程委员会”讨论这一问题。经过激烈争论，大多数专家认为健康传播专业人才的培养应定位于硕士研究生阶段，也就是说，受培训者必须首先是大学本科毕业生，然后对他们进行包括新闻与传播、健康教育、公共健康、心理学、教育学、公共政策、城市规划、电子媒介技术等科目在内的专业培训。合格后才能取得硕士学位证书，从事健康传播。

目前中国普通高校的传播学院尚未单独列出“健康传播专业”，医学院校中从本科生阶段就开设有预防医学专业，但学习的科目主要是普通医学、流行病学、公共健康及健康教育等医学健康类专业学科，缺乏传播学、新闻学、心理学、社会学、教育学等学科的培训。毕业后大多到卫生防疫部门任职，从事传染病、流行病、遗传病等基础防治工作。

此类从业人员的学科背景和从事的工作内容，与专业化领域的健康传播者有相似之处，但不够全面，而最重要的是传播方式的差异。国内卫生防疫部门的健康传播人员，缺乏与大众传媒的结合，缺乏深入细致的人际传播，更多采取的是以居民小区、居委会、街道委员会等为单位的组织传播方式。少有大规模的对受众分群、健康传播效果的调查，以及方法学研究等方面的科研积累。

总体上说，健康传播处于一种自发、而不是自觉的状态。21 世纪中国健康传播如何向“专业化”的发展方向努力，将是一个重要的课题。

第五节 健康与健康传播的三个关键词

健康与长寿是变化社会中的一个永恒话题，在诸多不确定的因素中，热爱生命、回归常识、储蓄健康可以说是一条不变的定律。

一、热爱生命

人的生命只有一次，我们都应该以积极的态度去接受、去面对。

歌手陈某的突然自杀，引发了公众的热议和各种猜测，在法医鉴定结果出来后，陈某的母亲向媒体发表了一封公开信，这封信的情深意切感动了无数网友，也使人们感慨万千。信里有这样一句话：“我们都没有办法想象她在生命最后一刻的心情，身为母亲的我也没有这个能力，我只是知道她走了，别人这样告诉我。我们现在依然不能也不想相信。傻孩子，多痛啊，难道比活着的痛会轻一些吗？”即使在现实生活中，遇到再大的压力，我们也不能不为经历了大风大浪、刚刚走入幸福晚年的母亲们想一想。陈某的母亲这样说：“我知道身为孩子们不容易，尤其是飘荡在外、远离父母家乡的。可是，我也想为天下的母亲对你们这些孩子说：我们这一代的老人都经历过大风大浪，难得晚年喜乐，别让母亲被迫承受这样的伤痛了……”

当我们在关注这则新闻的时候，我们是否可以体会这位母亲信中的一个重要含义，压力无处不在，对每个人来说，都是如此。记得一个作家说过，一个人的一生，小的时候，什么都不懂，无忧无虑；老年的时候，也是无所想、无所思；意识清楚的时候，只有中间的那一段时间。在这段时间中，又有 1/3 的时间在睡眠中度过，在剩余的有限的 2/3 的时间内，又有 1/3 的时间可能是逆境，所以更要珍惜生命，正确地去接受、去面对。

所以，健康与健康传播的第一个关键词是热爱生命。

二、回到常识

生活中为什么我们总是要在被迫无奈的情况下，才会去选择一种健康的生活方式呢？

一则新闻报道里，患有重度脂肪肝的母亲，为了换肝脏救儿子，每天在武汉江岸区长长的堤坝上暴走 10km，风雨无阻地坚持了 211 天以后，奇迹诞生了，她的重度脂肪肝消失了，她可以给儿子换肝脏了。我们震撼了，为一颗急迫而真切的爱子之心，为一个坚韧而善良的母亲。在对这一事件进行报道时，几乎所有媒体都把报道的重点锁定为了“母爱”。

通过这则报道，希望大家知道，只要我们调整自己的生活方式，很多疾病是可逆的，很多健康隐患是可以消除的。即使你是一名重度脂肪肝患者，只要坚持锻炼，康复就不再是奇迹，而是每个人都能做到的事情。

所以，健康与健康传播的第二个关键词是回到常识。我们必须知晓一些基本知识，常识能帮助人，一切能够吸引公众眼球的新闻，都可以成为传播常识的有效载体。我们要把其中最积极的健康因素提取出来，传送给大家。在分享感动的同时，分享健康的秘诀。

三、储蓄健康

储蓄了健康，就等于储蓄了养老金。否则，即使拥有再多的储蓄，你仍然有可能因病返贫。

目前，我国 60 岁以上的老年人占总人口的 12%～13%，从比例上看，与日本、美国及欧洲一些老龄化比较严重的国家相比还较低。严格意义上，我国还没有进入老龄化社会，但是我们不能不想到我们庞大的老年人口基数——12%～13%，这就意味着我国 60 岁以上的老年人有 1.5 亿左右。而且，这一数据还在增长，人口老龄化的趋势正在加剧。难以想象的是，到了 2050 年，中国的老年人口总数将超过 4 亿，平均每三个中国人就要承担起抚养一位老人的责任。

中国人的平均寿命已经奔向 80 岁，但从 65 岁以后就不断生病、不断去医院，十几年下来，个人和社会承担的医疗成本会有多高？如果我们的平均寿命只有 76 岁，70 岁以后才开始去医院，那这个人和国家的受益又会有多大？

养老不仅是社会问题，更是个人问题，在社会不断完善养老保险等制度的同时，个体更应注重健康储蓄。

实际上，我们的卫生部门，不是单纯为了给老百姓治病，也应让全社会都知道如何才能不得病、如何才能晚得病。“上工治未病”是我国传统医学的理念，而健康传播最重要的目标则是让人们不得病、晚得病，每个人都能成为把握自身健康状况的“上工”。

参考文献

白晶. 2009. 健康生活方式全书. 北京：开明出版社.
曹丽娟. 2013. 健康水果轻图典. 石家庄：河北科学技术出版社.
陈灏珠. 2013. 实用内科学. 北京：人民卫生出版社.
邓淑玲. 2003. 生活方式与健康. 长春：吉林科学技术出版社.
多丽丝・迈尔亭. 2018. 内向者的天赋. 北京：机械工业出版社.
樊蔚虹. 2017. 救命的营养学. 北京：科学技术文献出版社.
冯磊. 2005. 基础营养学. 杭州：浙江大学出版社.
付兴. 2012. 营养与健康. 沈阳：辽宁科学技术出版社.
洪昭光. 2015. 洪昭光健康经. 南京：江苏凤凰科学技术出版社.
李・布萝珊. 2018. 克服压力. 上海：上海社会科学院出版社.
刘淇，杨雄. 2017. 家庭教育与儿童发展. 上海：上海社会科学院出版社.
罗兹・沙夫曼. 2018. 克服完美主义. 上海：上海社会科学院出版社.
吕岫华. 2015. 医学基础. 北京：科学出版社.
吕岫华. 2017. 工程生理学. 北京：科学出版社.
马特曼. 2006. 水是最好的药. 刘晓梅译. 长春：吉林文史出版社.
马文丽，邓文岭. 2003. 分子肿瘤学. 北京：科学出版社.
孙长颢. 2007. 营养与食品卫生学. 北京：人民卫生出版社.
谭小春. 2011. 家庭医生手册. 太原：山西科学技术出版社.
王学雷. 2014. 成为你自己. 北京：机械工业出版社.
杨玉红，孙秀清. 2015. 食品营养与健康. 武汉：武汉理工大学出版社.
于康. 2010. 营养与健康. 北京：科学出版社.
曾益新. 2003. 肿瘤学. 北京：人民卫生出版社.
曾志峰. 2016. 医生向左病人向右. 成都：四川科学技术出版社.
中国营养学会. 2014. 中国居民膳食营养素参考摄入量（2013 版）. 北京：科学出版社.